KJ

教育ジャーナル選書

改訂版 特別支援教育

はじめの いっぽ！

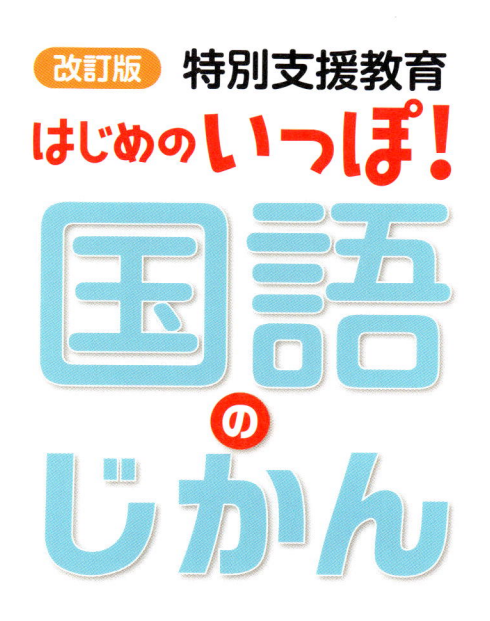

国語のじかん

井上賞子・杉本陽子 著

小林倫代 監修

Gakken

「正しく・くり返す」を目指して　創刊時の言葉

　特別な支援を必要としている子どもたちとの学習を考えていくなかで、「ひらがなでも間違える」「漢字の定着が進まない」というのは、子どもの困難を示す姿として、よく話題になります。私たちが子どもの時代にも、自分を含めてそうした苦手さを持つ子どもはいたように思います。そして一様に、「それならもっと練習しないと」と言われてきました。

　特別支援教育の考え方が広がり、「漢字が覚えられない」という姿にも、多様な背景や要因が関わっていることが知られるようになってきています。要因が違えば、必要な手だては違ってくるはずですが、やはり今でも「1ページ書いて覚えられないなら、もう1ページ頑張ろう」という対応が主になりがちではないでしょうか。確かに、「もう1ページ」頑張ることで覚えられる子もいるでしょう。でも、ただくり返すだけでは、入りづらい子もやはりいるのです。また、「ただくり返す」がそもそも成立しにくい子もいました。

　その上、「書く」ことについては、学年を追うごとに新しい漢字がどんどん出てくるので、せっかく以前に比べて書けるようになったり覚えたりできるようになっても、「今の学年の学習内容」に照らすと「できない」という状態が続いてしまいがちです。子どもたちの側からしても、「やっても覚えられない」「違うよと消されてしまう」ことをくり返す中では、自信と意欲をなくしてしまいます。苦手だからこそ、学習の機会が重要なのに、やってもやってもできないという体験は、「書くことは嫌だ」と、学習の機会そのものを拒否してしまうことにもつながりかねません。

　「漢字の学習＝覚えて書く」だけでは、とてもつらい子どもたちもいます。しかし、「見ながらなら正しく書ける」という子もいれば、「なぞりながらならできる」という子もいます。「それではいつまでたっても書けるようにならない」というご意見をいただくこともありますが、果たしてそうでしょうか。「正しく」をその子にあった手だてで積み重ねていくことは、「今持っている力で解決できることをくり返す」ことであり、苦手さを感じる子にも達成が可能な課題です。「できる」という実感は、意欲につながり、そうして学習の機会を逃さないことは、結果的に定着を支えると感じています。

　では実際に、「この子にとっての『正しく』は、『くり返す』は、どうしたら成立するのか」。本書では、そんな思いで試行錯誤してきた実践を、紹介しています。「算数のじかん」の冒頭でも触れましたが、ここで紹介しているものは、「この子のこんな困難のために」と作ったものばかりですので、そのままでは、見ていただいた先生方の目の前の子どもたちに、ぴったりくるものではないかもしれません。また、教具はあくまでも手だての一つなので、もちろん「これがあればすべて解決」というものでもありません。しかし、教具を考える過程や、それを使ってみた子どもの姿からフィードバックすることが、「これができない」という表に出ている現象だけにとどまらない、「この子が何に困っているのか」「どんな支援が必要なのか」という大切な理解につながっていくと思います。

　できる限りデータも添付していますので、ぜひそれぞれの子どもに合わせて作り替えて使ってください。本書が少しでも、子どもたちの「正しく・くり返す」につながる具体的な支援のお役にたてれば、幸いです。

2011年7月

井上賞子　杉本陽子

改訂にあたって

　「国語のじかん」の改訂版を手に取っていただき、ありがとうございます。

　「はじめのいっぽ！」シリーズの改訂3作目になります。最初の「特別支援教育はじめのいっぽ！」が出たのが2008年、「国語のじかん」の初版は2011年になりますから、シリーズとしては17年目、「国語のじかん」としては14年目の改訂版。そう考えると、当時の1年生はもう社会人だったり大学生だったりするんですから、びっくりです!! たくさんの皆様が、この長い期間使ってくださったことに、心から感謝しております。

　はじめのいっぽ！シリーズで出てくる全ての教材のアイデアや情報は、私たちが出会った子どもたちとの試行錯誤の中で生まれたものや使ってきたものです。全てのページの向こうに「○○さん」や「○○くん」がいます。ですから、「はじめのいっぽ！ ずっと使っています」と声をかけていただくたびに、かつて一緒に学んだ子どもたちの、悩みながら学んでいた姿を誉めていただいたような気持ちになっています。皆様、彼らの学び方を受け取ってくださって本当にありがとうございます。

　「算数のじかん」の「改訂にあたって」を書いているときにも思いましたが、初版から改訂版までの10年と少しの間に、学び方の選択肢は劇的に広がりました。特に「国語のじかん」のベースになる「読むことや書くことの課題」に対して、ICTの手立てが日常的に使えるようになってきたことは、革新的な変化です。かつては、「この子には音の情報が大事」だとわかっていても、「人が読み上げる」以外で「音の情報」を保証していくことは本当に困難でした。結果として「誰かがいないとできない」状況に陥ることも多く、必要なことは見えているのに手が届かないことに悶々としていたことをよく覚えています。それが今や、もともと音声情報のついたコンテンツが増えただけでなく、紙の情報からも手軽に音声情報を取り出せるようになりました。まさに、「あの頃できなかったことに手が届く今」なんだと感じています。今回の改訂版でも、そうしたデジタルの支援をたくさん取り上げました。

　また、アナログの良さを生かした市販教材も増えてきました。手軽に手に入る市販教材の中に、学びにくさのある子への支援が意識されたものが増えたことも本当にうれしいです。

　「多様な学び方」への理解が広がっていると感じます。

　学びにくさのある子たちは、学びたくない子でも、学べない子でもありません。「みんなと同じ方法では学びにくい」ことで困っています。同じ方法では学びにくいのに、同じ方法しか選択肢がなければ、当然、追い詰められてしまいますよね。だからこそ、彼らと学ぶときは「試して・比べて・調整して」を繰り返しながら、「自分の学び方や学びやすさ」を探っていくことを大切にしています。「同じ方法でなくてもいいんだ」「自分はこうしたらできるんだ」という経験を、たくさんたくさん積み重ねてほしいと願っています。

　子どもたち一人ひとりが違うように、必要な方法も違います。この本に掲載された100の教材が、皆様が目の前の子どもたちとの学びを探っていくときに「ちょっとこれを試してみようかな」と思っていただけるものになればとてもうれしいです。

2025年2月

井上賞子　杉本陽子

3

支援教材を作るときに考えていること

その子の「困難の背景」を予想する
● その子の日常の姿から困難の背景を予想し、具体的な支援につなげる（P5 参照）。

伝わりやすい提示にする
● どこに注目すればいいのか、何を求められているのかをわかりやすくする。

理解の助けにつなげる
● イメージ化を助けたり、意味づけを補ったりする。

自己解決の手立てを持たせる
● 手順や解き方が確認できるようにする。
● 今できることで解決できる方法を示す。

苦手さを補う
● 不器用さや見え方の困難からくる、操作や書き方の混乱を減らす。

既習事項を支える
● 今の学習に必要な既習事項を、確認できるようにする。
● 定着が進んでいない内容があっても、今の学年の学習に取り組めるようにする。

　子どもたちの状況や学習内容によって支援教材を作る視点は違ってきますが、いつも考えていることは、「できそうだ」という見通しと「できた」という達成感を子どもたちにどう持たせるかということです。

　読み・書きが重要な国語の学習では、取りかかる前から「どうせ読めない・書けない」と拒否をしてしまう子がいます。それは体験から出た悲しい判断なのでしょうが、それでは学習のチャンスが広がっていきません。本書で紹介しているような支援のある教具の提案をすると、「これがないとできない子になってしまうのでは？」というご意見をいただくこともありますが、「これがあればできる」という思いは、繰り返しの学習を可能にしていきますし、解ききる経験を重ねていくことは、学習の定着には欠かせないと感じています。

　子どもたちが「できる自分」を感じて、楽しく学習に向かってくれることを願って、支援教材の製作に取り組んでいます。

「困難の背景」とは

『特別支援教育はじめのいっぽ！』では、子どもたちの日常の姿から、その子の抱える「困難の背景」を予想し、それに対応する具体的な支援につなげています。

この「困難の背景」を、「目からの情報処理の困難」「耳からの情報処理の困難」「衝動性の困難」「推し量ることの困難」「動きの困難」「感覚の困難」の6つに分けています。それぞれの困難からは、以下のような子どものようすが見てとれます。

・距離や位置、自分の身体のイメージなどの空間関係の把握が難しい
・形を正確にとらえたり、記憶したりすることが難しい
・たくさんの情報の中から、注目する場所を選び取ることが難しい
・視覚的な情報に合わせて、指先や身体を動かすことが難しい

・必要な情報を集中して聞けない
・聞いた情報をイメージしていくことが難しい
・聞いたことをしばらくの間、覚えておくことが苦手である
・音の聞き分けがうまくできない

・いろいろな情報から刺激を受けやすい
・集中の持続が難しい
・見通しが持ちにくい
・欲求や感情をコントロールすることが難しい
・状況を把握することが苦手である

・言葉から情景をイメージしていくことが難しい
・「自分だったら」「このときだったら」と置き換えて考えにくい
・「こうしたらどうなるか」の見通しが持ちにくい
・周囲の人々の人間関係や状況、雰囲気がわかりにくい

・自分の身体のイメージが持てない
・指先や身体を思うように動かせない
・二つの動きが同時にできない
・力の入れ加減がわからない

・特定の感覚が過敏になっている
・過敏な感覚から入ってきた情報が処理できない

改訂版 特別支援教育 はじめの いっぽ！ 国語のじかん ── 目次

1章

「読み・書き」の困難さを理解するために

2章

通常の学級で国語の支援教材を活用した実践事例 ── 21

3章

今すぐ使える！ 国語の支援教材 ———————————37

3章の構成と使い方 ———————————38

教材アイデア・データの活用方法

　本書では、すぐに使える教材アイデアをデータ（PDF、Excel、Word）で提供しており、以下の専用のサイトからダウンロードして使うことができます。

　目次（P6～8）、3章の支援教材の作り方・使い方（P39～138）、支援教材一覧（P139）のいずれかでデータ名とデータ番号を参照してください。

教材アイデアデータを専用サイトで取得する方法

①パソコンやタブレット端末などで、以下のURLにアクセスし、Gakken IDでログインしてください。
　https://gbc-library.gakken.jp/
　★Gakken IDをお持ちでない方は、取得が必要になります。詳しくはサイト内でご案内しています。
②Gakken IDでログイン後、「コンテンツ追加」をクリックしてください。
③「コンテンツ登録」の下の空欄に、以下のID・パスワードを入力してください。

ID：3nkgg　　　PW：qpgkg7sw

④画面の右にある「コンテンツへ」をクリックすると、ダウンロードできるプリントの教材が出てきます。

【ご注意ください】
●本書『改訂版 特別支援教育はじめのいっぽ！国語のじかん』をご購入いただいた方のためのサイトです。
　※図書館貸し出しや譲渡された方はご利用できません。
●印刷してご利用になる際には、用途に合わせて用紙をご使用ください。
●データの使用には、PDF、Excel、Wordを利用するためのアプリケーションソフトが必要となります。
　お客様のインターネット環境およびプリンターの設定等により、データをダウンロード・表示・印刷できない場合、当社は責任を負いかねます。
●ダウンロードは無料ですが、通信料はお客様のご負担になります。

1章
「読み・書き」の困難さを理解するために
〜「国語のじかん」を支える支援教材

小林倫代

はじめに

　対話型AIが開発され普及し始めていますが、自分の感性で言葉を選び、文章を作ることは大事なことです。国語科の目標は、言語活動を通して、国語で正確に理解し適切に表現する資質・能力を育成することとされています。特に、言語で理解したり、表現したりする際の正誤・適否・美醜などについての感覚、いわゆる言語感覚を磨くことは魅力ある文章を作成したり、コミュニケーションを潤滑にしたりすることにつながります。学習指導要領では、言語感覚について、「話したり聞いたり書いたり読んだりする具体的な言語活動の中で、相手、目的や意図、場面や状況などに応じて、どのような言葉を選んで表現するのが適切であるかを直観的に判断したり、話や文章を理解する場合に、そこで使われている言葉が醸し出す味わいを感覚的に捉えたりすること」と示しています。このように言葉が醸し出す味わいを感覚的に捉えて、それを自分のものとし、考える力や学ぶ意欲を育てていくには、AIやICTの活用も大事ですが、それらにのみに頼っていては難しいのではないかと思います。

　先生が担当しているお子さんの中に、日常会話に支障はなく、知的に遅れがあるとも思えないのに、文字の形が整わなかったり、板書を写すのが遅かったりするお子さんはいませんか？　そういう子どもに、同じ文字を何回も書く練習をしても、なかなか習得しないかもしれません。子どもが覚えやすい方法を探り、子どもの学びやすさを考えた対応が大切です。

　さて、日本語のひらがなは音と文字の対応が規則的であり、特殊音節を除けば1音節を1文字で表記できるので、他国の言語と比べると読み書きが容易であり、読み書き障害が発生する可能性は相対的に低いとされています。その発生頻度が諸外国に比べて低いとはいえ、読んだり書いたりすることに困っていたり、苦手意識を持っていたりする子どもは存在するのです。まずは、書字を苦手とする子どもたちが、どのような文字を書いているかを見ていきます。

1　子どもたちの文字から考える

　筆者のお二人の先生方に、ひらがなで書き間違えている文字を集めてもらい、分類してみました。大きく分類すると文字の誤りには、

● 文字の形が整わない
● 似ている文字を間違える

などがありました。文字だけでなくノートに書かれている単語や文章を見ると、

● 特殊音節の表記の誤り
● 助詞の表記の誤り

●カタカナで書くものをひらがなで書くなどの文字種の誤り

などがありました。 これらについて、もう少し詳しく紹介します。

●文字の形が整わない

　明確には区別できませんが、以下に示すように、①線の位置関係が捉えられない、②斜めが捉えられない、③バランスがとれない、④「はらい」や「とめ」などの細かな動きがコントロールできない、⑤字が流れるなどの特徴に分けることができました。

①線の位置関係が捉えられない

    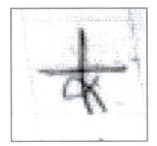

②斜めが捉えられない

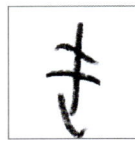  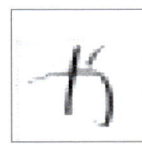  

③バランスがとれない

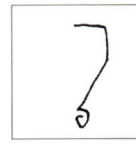  

④「はらい」や「とめ」などの細かな動きがコントロールできない

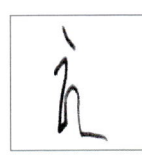   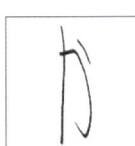  

⑤字が流れる

　これらの文字を見ていると、特徴を明確に分類していくことは難しく、それぞれが複合していると思われました。これら以外に、文字の形が整わないものとして鏡文字がありますが、今回集めた文字の中には、見られませんでした。

　このような文字の形が整わなくなってしまう背景として、どのようなことが考えられるでしょうか。情報の入力から出力という流れで考えてみると、「目（視覚）から情報を受け取って、動作によって応答する」という流れのいずれかの箇所でのつまずきがあると考えられます。

●似ている文字を間違える

　右の例では、「ろ」と「る」を間違えています。これ以外にも、「わ」と「れ」、「め」と「ぬ」と「の」の間違いなどがよく見られます。

　このような間違いの背景としては、目（視覚）からの情報を細かく見たり（注視）、記憶したりすることの難しさがあるのではないかと考えられます。

［こころ］

●特殊音節の表記の誤り

　特殊音節とは、促音（「っ」のつく音）、拗音（「ゃ・ゅ・ょ」のつく音）、長音（「こうえん」のように伸ばす音）などをさします。このような特殊音節を表記するには、「つ」「や」「ゆ」「よ」が小さく書ければ良いというものではありません。拗音・促音・長音等の発音の仕方や、表記の仕方などのルールを理解していないと、これらを含む単語を書くことは、難しくなります。間違えた例としては、次のようなものがありました。

①促音の誤り

　下の例は、「っ」が抜けたり、間違った位置にあったりするものです。

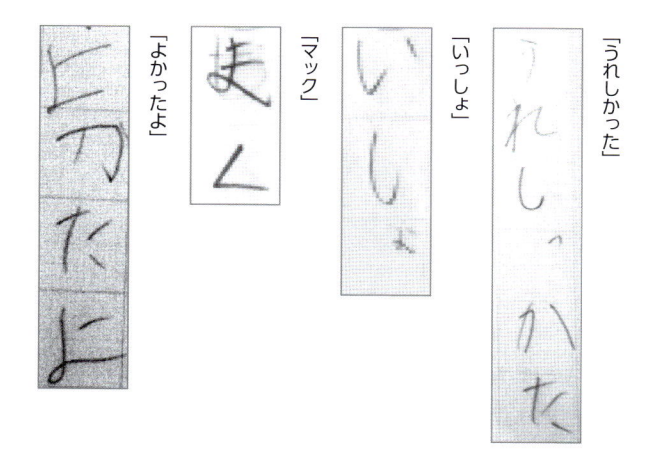

②拗音の誤り

・右の例のように、拗音が抜ける：きゅうしょく⇒きゅうしく
　同様に、きゃべつ⇒きべつ　など
・「ゃ・ゅ・ょ」を取り違える：かぼちゃ⇒かぼちゅ
・拗音の後の促音が抜ける：しょっき⇒しょき

③長音の誤り

・左の例のように、長音が抜ける：えいが⇒えが
　同様に、おかあさん⇒おかさん
・拗長音の「う」が抜ける：きゅうしょく⇒きゅしょく

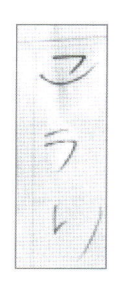

・左の例のように、伸ばす音の表記を間違える：こおり⇒こうり
　同様に、おおきな⇒おうきな、とけい⇒とけえ

　このような特殊音節の表記の誤りの背景には、話しことばの音（音韻）の構造を認識しそれを操作する能力（音韻意識）の未熟さや耳（聴覚）からの情報を適切に受け取り、記憶することの難しさがあるのではないかと考えられます。

　下の例では、助詞（て、に、を、は）の表記を間違えたり、混同したりしています。

　このような誤りは、発音と表記が異なり、助詞の使い方を理解していないことが要因として考えられます。

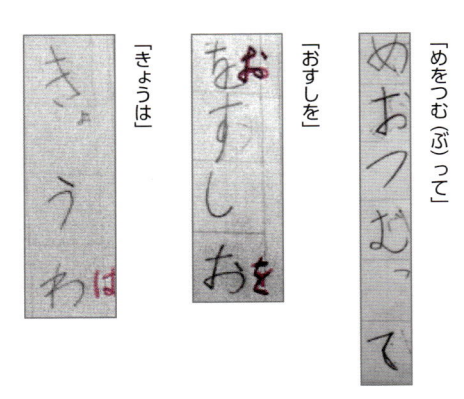

［めをつむ（ぶ）って］　［おすしを］　［きょうは］

2　読み書きの困難さについて

　この本では読み書きを中心とした支援教材を多く提案し、新たにICT の活用に関しても紹介しました。「ことば」に関係する「聞く」「話す」「読む」「書く」という行為は、それぞれが複雑に絡み合っています。例えば、「書くこと」に焦点をあてても、ことばの意味の理解や文法や表記法など幅広く関係して、単純に割り切って整理することは難しいです。そして「聞く」「話す」「読む」「書く」という行為に課題がある子どもたちが示す状態像も、さまざまです。そこで、まずは読み書きの障害はどのように定義されているかを紹介し、次に「書くこと」のメカニズムについて紹介していきます。

1）読み書きに関係する障害の定義

　まず「学習障害（LD）」について紹介します。文部省協力者会議・最終報告（1999年7月）の中で学習障害（Learning Disabilities）は次のように定義されています。

> 　学習障害とは、基本的には全般的な知的発達に遅れはないが、聞く、話す、読む、書く、計算する又は推論する能力のうち特定のものの習得と使用に著しい困難を示す様々な状態を指すものである。
>
> 　学習障害は、その原因として、中枢神経系に何らかの機能障害があると推定されるが、視覚障害、聴覚障害、知的障害、情緒障害などの障害や、環境的な要因が直接の原因となるものではない。

　上記の定義では、学習障害は、読み書きだけではない、広い範囲の学習能力の習得と使用の困難さを示すとされています。

　アメリカ精神医学会が作成したDSM-5（精神疾患の診断・統計マニュアル第5版）では、「限局性学習症/限局性学習障害（specific learning disorder）」として、読字や意味理解の困難さ、書字表出の困難さ、数字の概念や計算習得の困難さなどが示されています。ここでは、「dyslexia（ディスレクシア）」という用語が読み書き障害の代替用語として初めて示されました。

　ディスレクシアは、語源的には「読み」の障害を指し、脳損傷によっても生じます。脳損傷の既往が無くても生じる場合は、「発達性」ディスレクシアとして、後天的な脳損傷後に生じるものと区別することが望ましいとされています。また、後天性のディスレクシアでは読みの障害が単独で現れますが、「発達性ディスレクシア」では、「読み」に問題があると、多くは「書字」にも困難を示します。そこで、「発達性」の読み書き障害という用語で、後天性のディスレクシアと区別しているのです。

　発達性ディスレクシア研究会では、発達性ディスレクシアの定義を以下のように示しています。

> 　発達性ディスレクシアは、神経生物学的原因による障害である。
>
> 　その基本的特徴は、文字（列）の音韻（列）化や音韻（列）に対応する文字（列）の想起における正確性や流暢性の困難さである。
>
> 　こうした困難さは、音韻能力や視覚認知力などの障害によるものであり、年齢や全般的知能の水準からは予測できないことがある。
>
> 　聴覚や視覚などの感覚器の障害や環境要因が直接の原因とはならない。
>
> （2018年2月改訂）
>
> 発達性ディスレクシア研究会HP：
>
> https://square.umin.ac.jp/dyslexia/factsheet.html
>
> （2024年9月閲覧）

これまで示してきたように学習障害、読み書き障害のそれぞれに定義があります。これらの定義に基づいて診断されたとしても子どもが示す状態像はさまざまです。それぞれの障害がどのように定義づけられているのかを知っておくことは大切ですが、私たちがより大事にしたいことは、読み書きに困っている子どもがいることを知り、その困難への支援方法を考えることだと思います。知的な遅れはなく、年齢相応の教育を受け、本人も努力しているにもかかわらず、期待されるような読み書きを習得できない子どもたちを支援していく手だての一つとして、この本で紹介している支援教材を活用していただければと思います。

2）「書くこと」のメカニズム

　文字を書くということはどのようなメカニズムで行われているのでしょうか。ここでは読み書きのメカニズムを示した図を紹介します。

　上野一彦氏は、図1に示すようなNPO法人EDGEによる読み書きのモデル図を紹介しています。この図では、視覚回路（読む、書く）と聴覚回路（聴く、話す）という二系統の情報処理の流れが示されています。目と耳から入力された情報が作動記憶*と心的辞書*（単語文字列、単語音韻列、単語の意味のそれぞれの辞書）によって分析・処理され、文字または音韻の再生という形で出力（書く、話す）されていく過程です。

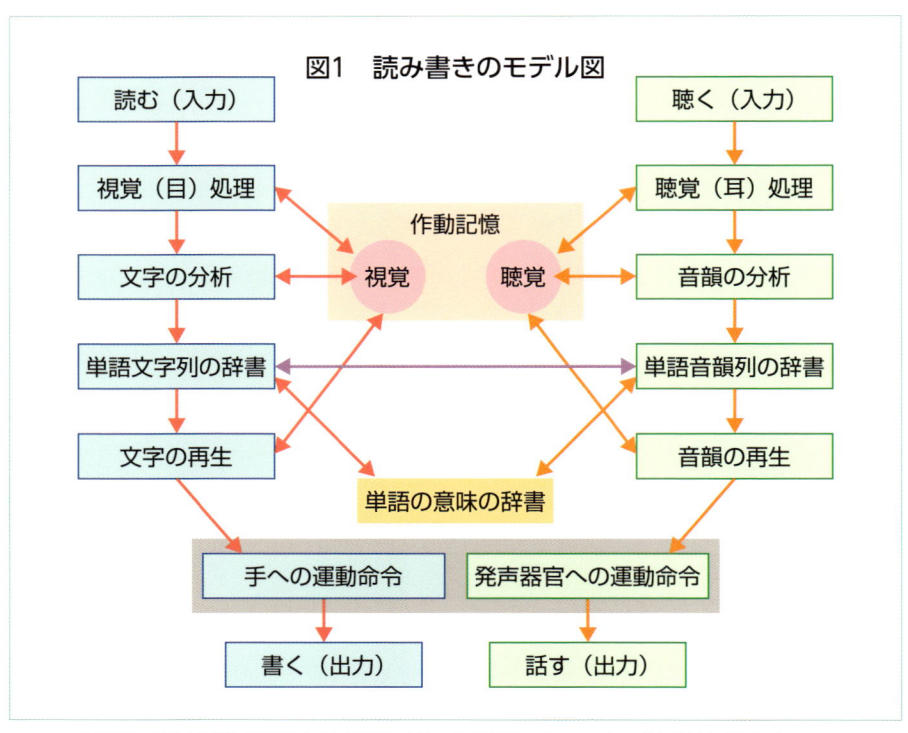

図1　読み書きのモデル図

＊作動記憶：当面する作業の実行のために短時間に保持される記憶のこと。ワーキングメモリとも言われる。
＊心的辞書 (mental lexicon)：人間が保持している単語の集合体のことであり、認知心理学における仮説概念である。

　たとえば、「さくら」という文字や発声があったとき、それが「さ」「く」「ら」という文字や音のつながりでできていることを分析（「文字の分析」や「音韻の分析」）します。そして「さくら」をひとまとまりの文字群として記憶にとどめ、既知の語（心的辞書、「単語文字列の辞書」「単語音韻列の辞書」「単語の意味の辞書」）の中から「さくら」を検索、照合して、その語の意味の理解をし、文字を再生したり、音を再生したりします。「書く」作業としては、手指を動かして「さ」「く」「ら」という文字を再生する（書く）ことになります。この過程のどこかにつまずきがあれば、「書く」ことに困難が生じます。漢字を書く場合も同様で、「かくしん」という音を聞いて、「核心」か「確信」か「革新」か、どの漢字を使用するのかを文脈等から選択することになります。その際には心的辞書が十分に機能しなくてはなりません。

　この過程を見ていくと「書く」という行為は、文字の形を覚えていて、想起して表現するというだけの行為ではなく、言語能力や認知的な側面を含めた子どもの全体的な発達の上に成り立っていることがわかります。また、読むことと書くことが関連していることもわかります。

　読み書きの教育プログラムを研究・作成している天野清氏は、「音節分解・抽出の発達・形成は、子どもが、かな文字を習得するために必要な必須の条件・前提である」と述べています（2005年）。先の例で示すと「さくら」は、「さ」「く」「ら」という音が、その順番に並んでいて、最初の音は「さ」であることを抽出できることが、読み書きの習得のための基礎になるのです。特に語頭音を抽出できるかどうかは、かな文字の習得・発達を予見するための重要な指標だと述べています。カルタやしりとりなどの日本古来の遊びは、読み書きの基礎的な力をつける有効な遊びだと言えます。「書く」ことの指導は、このような遊びをたくさん経験し、読み書きのレディネスが整った上で開始することが大切です。

　また一方、文字の形を覚えて、想起して表現するという過程が文字を書くときには必要です。「1 子どもたちの文字から考える」の「似ている文字を間違え

る」（P.12）で紹介したように、「ろ」と「る」、「わ」と「れ」、「め」と「ぬ」と「の」などのような形の類似した文字を混同してしまう子どもがいます。このような混同を避けるためには、音韻分析ができるようになるだけではなく、抽出した音を文字と対応づけたり、形を（細かいところにも注目して）弁別したりすることも読み書きの導入期に大事なことです。「文字学習への導入」の中に示している教材は、学習の導入期には、大いに活用していただきたいと思います。

また、タブレットPCなどを活用することで、デジタル教科書、読み上げアプリ、図やイラスト・動画を駆使するなどして、読み書きの困難を補い、学習成果の向上を目指すことも工夫してください。

3 この本で紹介している教材について

読み書きに関する教材は、既に多数のものが市販されており、それらのいくつかはこの本の中でも紹介しています。また、読み書き障害に関する指導プログラムも開発され市販されています。さらに、大学等が中心になって学習障害のある子どもたちを指導する教室を開いているところもあり、そこでもさまざまな指導方法を展開したり、教材を工夫したりして指導しています。

この本では、著者お二人の実践と経験に基づいて作成した教材を整理して紹介しています。そのため、教材の図柄などは、対象とした子どもの興味のあるものを使用しています。　教材を活用される先生方は、対象とする子どもの興味・関心に応じて図柄等の変更も考えてください。本書に掲載されている支援教材の大きな区分としては、「文字の導入」「ひらがな・カタカナ」「漢字」「文・文章」「情報整理」としています。学習指導要領の国語科で「書くこと」は、目的や意図に応じて必要な材料を整理し、伝えたいことを明確にするなどの文や文章を書く能力を身につけることを目指していますが、この本では、読み書きの基礎的なことに関する支援教材を紹介しています。

また、テストに関することや、子どもの学習意欲に関する支援教材も提案しています。テストで点が取れないことが失敗経験となり自己評価の低下につなが

り、ひいては学習意欲の低下につながっていきます。このような悪循環を断ち切るための一つの手だてとしてこの支援教材を活用していただきたいと思います。新たに、ICTを活用した教材も多く紹介し、学びへの取り組みやすさも増えたと思います。

　「読み書き」につまずく要因はいろいろありますが、この本では、『改訂版 特別支援教育はじめのいっぽ！』（2021年）で紹介している困難の背景を考えて、教材の紹介や実践事例の紹介をしています。たとえば、「目からの情報処理の困難」があれば、文字の全体と部分の位置関係の把握や、書いた文字について正しいかどうかの判断が難しくなります。このような場合には、文字の形に関する言語的手がかりを利用していくことになります。また、「耳からの情報処理の困難」があれば、音韻分析が難しく、読み書きの学習、特に特殊音節などの学習に課題が生じます。このような場合には、視覚的な手がかりを利用したり、動作を活用したりすることになります。書けないからと言って、くり返し書かせるのではなく、子どもの困難さの背景を把握して、音韻へのアプローチや複数の感覚を同時に使った指導等を工夫していくことが大切になります。紹介している支援教材には、関係する困難さの背景と、想定できる学習場面も示しています。

おわりに

　この本では、読み書きを中心とした支援教材を紹介しています。これまで述べてきたように読んだり書いたりすることは、さまざまな経路を経て行為として現れてきます。それは、子どもの全体的な発達の上に成り立っているものです。人の行動の特徴や性格がさまざまなように、子どもの得意・不得意や発達の程度もさまざまです。一方で、6歳の春に子どもたちは小学校に入学し、読み書き算数の学習が始まります。担任の先生は、30名程度いるクラス一人ひとりのすべての子どもの様子を詳細に把握することは難しいかもしれません。でも、クラスの中には人知れず書くことに苦労している子どもがいることに気づいて欲しいのです。その子どもは、国語の教科の時間だけでなく、板書を写すことや連絡帳の記入やテストの解答で、困ったり、いやになったりしているのだと思います。子どものそんな気持ちや行動に気づき、支援をしていくことは大切です。支援をすると子どもは支援に頼り続けるから良くない、みんなと同じように頑張らせるんだ、と考える先生がいるかもしれません。しかし私は、そうは考えません。支援をされる中で自分なりのやり方がわかれば、子どもは自律していくと考えています。みんなと同じように頑張らせ続けることで失敗経験を数多く積み重ね、学習意欲を失ったり、反社会的な行動に出たりする危険性が高まり、かえって後々までたくさんの支援が必要になると思います。

成人になって自分の過去を振り返り、小学校当時の気持ちを綴っているWebサイトがあります。

　そこには次のようなことが書かれていました。

> 一生懸命やっているつもりだった。いや、やっていた。
>
> それでも覚えられない。
>
> 学習はどんどん進んでいく。「読めることを前提に」「書けることを前提に」
>
> 必死で周りを見ながら、一時間一時間をごまかしていた。
>
> 　　　　　　　　　　　　　「成人ディスレクシア tora の独り言」
>
> 　　　　　　　　　　　https://elpis.works/tora/index.html

　授業中、このような不安な気持ちになる子どもが一人でもいなくなるように、本書で紹介している支援教材を活用していって欲しいと思います。

【参考文献】
・天野清（2005）
　『かな文字の読み・書きの習得と音韻（節）分析の役割』教育学論集（中央大学）P145-203
・天野清（2006）
　『学習障害の予防教育への探求』中央大学出版部
・上野一彦（2006）
　『LD（学習障害）とディスレクシア（読み書き障害）』講談社　P74

2章
通常の学級で国語の支援教材を活用した実践事例

●各事例中の 🔽データNo.00 の番号は、本書の「3章 今すぐ使える！ 国語の支援教材」で紹介している支援教材の通し番号（1〜100）です。

●この章で紹介している支援教材の写真は、著者が実際に授業を行った当時のもので、本書の支援教材とはデザイン等が異なる場合があります。

 事例 **1** ひらがな

拗音が抜けたり、表記の仕方を間違えたりするAさん（1年生）

状態

● はじめのうちは話を聞いていても集中が続かず、注意がそれることがたびたびある。

● 周りのようすが気になって落ち着いて話を聞けないため、指示のあとで聞き直しをしたり、同じことを何度も聞いたりする。

● 話を最後まで聞くことができずに、途中で動きだそうとしたり、指示とは違うことをしたりしてしまうことがある。

●「じてんしゃ」を「じてんし」と書くなど、拗音が抜けてしまったり、「じてんしょ」と書くなど、表記を間違えたりするときがある。

● 書きたいと思った拗音がすぐに出てこなくて、鉛筆をとめて考えるときがある。

● 困難が見られる場面

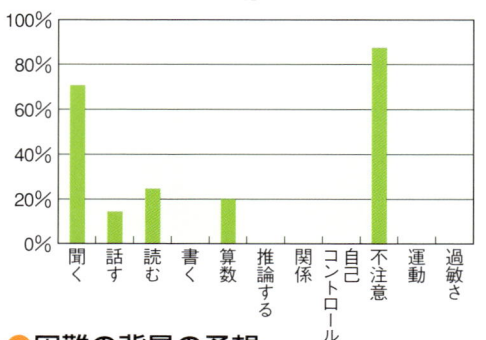

（グラフ縦軸：0%、20%、40%、60%、80%、100%　横軸：聞く、話す、読む、書く、算数、推論する、関係、自己コントロール、不注意、運動、過敏さ）

● 困難の背景の予想

耳 からの情報処理の困難　衝 動性の困難

困難の背景と学習場面での困難

● 耳からの情報処理と衝動性の困難が予想される。そのため、言葉の一音一音の聞き分けが難しかったり、音の似た言葉を混同したりしているのではないか。

● 必要な音と必要でない音とを聞き分ける力が弱いのではないか。

● 注意の集中が難しいのではないか。

支援の視点

● 音の違いに注意を向けて、聞き分けたり、聞き分けた音を再生したりする活動を仕組む。

● 拗音の弁別を体感させる手だてを考える。

● 苦手な分野なので、学習意欲を支えながら学べるようなゲーム的活動を取り入れる。

支援の実際

（1）活用した教材
「拗音バスケット」

 データ No. **27**

（2）教材を活用した場所

　Aさんの在籍する通常の学級で活用。拗音の学習後の定着を図る場面で活用したり、お楽しみ会のゲームとしても取り組んだ。

（3）教材について

■「拗音バスケット」教材作成にあたって

　Aさんは、「清音に小さい『ゃ・ゅ・ょ』がくっつくと読み方が変わる」ということは理解できていたが、拗音が入った文字を見てすぐに読めるわけではなかった。音の聞き分けの難しさや注意がそれやすい傾向のあるAさんなので、理解を確かにするには、くり返し拗音の入った文字を見たり聞いたりしながら拗音に触れたり、拗音の入った言葉になじんでいくことが必要だと考えた。また単調な学習にならないようにしたいとも思った。そこで、「注意を向けて聞き分ける」「楽しくくり返す」ことができる教材を開発したいと考え、Aさんにとっても学級の子どもたちにとっても身近なゲームを活用し、体を動かしながら学ぶことができる「拗音バスケット」を作成した。

③椅子に座っている子どもたちも、鬼の「じてんしゃ」に続けて、「じてんしゃ」と、みんなで声をそろえて復唱する。

①子どもたちは全員「ゃ」「ゅ」「ょ」のいずれかがついたカードを首にかけ、丸く輪になって鬼以外は全員椅子に座る。

④その後「ゃ」のカードの子どもだけが席を移動する。鬼は、「ゃ」のカードの友だちが席を移動している間に、自分も空いた席に座る。

②鬼は教師が示したイラスト付きの文字カード（拗音の「ゃ」「ゅ」「ょ」の部分を隠したカード）を読む。例えば教師が「せーの、パッ」と言って「じてんしゃ」のカードを見せると、鬼がそれを見てリズムよく声に出して「じてんしゃ」と言う。

⑤次は、移動した際に席がなかった児童が鬼になる。「ちゃんぽんきゅうしょく」のカードが出たときは、全員で動く。

Aさんのようす

「拗音バスケット」は、「フルーツバスケット」をベースにしたゲームであるため、ルールの理解も早く、すぐにゲームに参加できた。

はじめのうちは、鬼が「でんしゃ」と言っても「ゃ」のカードのAさんはすぐに動くことができなかった。しかし、教師の働きかけで、同じ「ゃ」のカードの友だちの動きをヒントに「ゃ」がついている拗音がどんな音に変身するのかを一生懸命聞き分けて、席の移動をすることができるようになった。

ゲームの中で拗音の付く言葉を「耳で聞く」「声に出す」「自分のカードを目で見て確認する」などの活動をくり返すうちに、どこに注意を向けて音を聞けばよいのか、聞き分け方のコツをつかむことができるようになっていった。その結果、鬼が「でんしゃ」とカードを読むとすぐに自分の胸のカードの文字を確認し、周りの動きを見ることなく自分の力でどんどん動けるようになった。

また、日常の学習の中での拗音の書き取り場面でも、以前のようなつまずきがなくなり、音に合わせて正しく「ゃ」「ゅ」「ょ」を選択して書くことができるようになった。

担任の感想

拗音バスケットは、どの子もすぐにルールを理解して取り組みやすい教材。はじめのうちは、椅子を取ろうとして、鬼の子どもがカードの言葉を言ったすぐ後に席から飛び出そうとする子どもも多かったが、①鬼が言う、②みんなが言う、③対象の子どもが動くというルールを定着させることで、時間的に余裕が生まれ、それぞれの子どもが自分の胸の拗音のカードを確認したり、拗音の部分をつぶやいたりする姿が見られるようになった。また、はじめは友だちの動きに目を向けて動いていたAさんも、ゲームをくり返すうちに自分で動けるようになり、素早く移動して椅子に座れると、とても喜んでいた。

日常の学習の中では、拗音を含む数多くの言葉に出合ったり、まとめて学ぶ機会をつくることは難しいので、授業が早く終わったときや、すき間のちょっとした時間を活用して子どもが喜びながら学べるのは、とても良かったと思う。また、拗音を持つ言葉を楽しみながら数多く声に出して言うこと、文字と音を結びつけることなどが、このようなゲームをすることで意外に簡単にできるということを学ばせてもらった。1年生だけでなく、高学年のお楽しみ会でも十分楽しみながら学びができるゲームだと思う。

「文字もじガチャンコゲーム」でも「拗音」を取り上げている。

［Aの箱］

［Bの箱］

データ No. 28

事例2 漢字 形を整えて漢字を書くことが苦手なBさん（1年生）

状態

- ひらがなや漢字を書くとき、最終的に形が同じだったらOKのような考え方で、自分が書きやすい順番で書いたり、運筆の方向がその時々で変わったりする。例えば、「口」の字はひと筆書きで鉛筆をぐるっと回して一気に書く。書き始めの場所も、あるときは右下から書き始めたり、あるときは左上から書き始めたりする。
- マスの中にバランスのいい大きさで文字を書くことができずに、マスからはみ出したり逆に小さくなりすぎたりする。
- 直線でできた漢字（「日」「田」）は比較的上手に書けるが、ななめの線や「はらい」などは書くのが苦手。
- 文字を書くのにとても時間がかかる。
- まちがいを訂正するのを極端に嫌がる。

● 困難が見られる場面

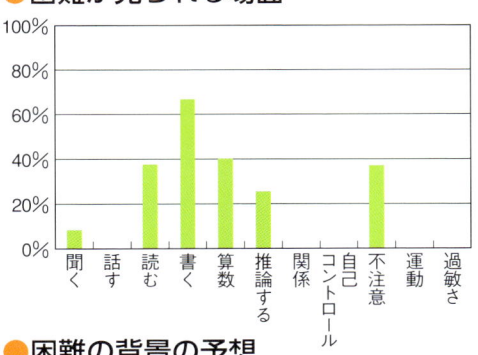

● 困難の背景の予想

目 からの情報処理の困難　動 きの困難　推 し量ることの困難
衝 動性の困難

困難の背景と学習場面での困難

- 目からの情報処理と動きの困難が予想される。そのため、文字の形を正しく捉えたり、バランス良くマスに入れること、ななめの線や「はらい」などを書くのが難しいのではないか。
- 漢字がどのようなパーツからできているのかがつかめないため、書き順や運筆の方向が日によって変わるのではないか。
- 文字を書くときの力加減がうまくつかめていないのではないか。
- 本人は一生懸命書いているので、書き直しを求められると「また書くの？」「どうせ上手に書けないよ」などの気持ちから、訂正することを嫌がっているのではないか。

支援の視点

- 漢字の形（どんなパーツでできているか）を意識できる手だてを考える。

- 運筆の方向や力加減の確認ができる方法を考える。

支援の実際

（1）活用した教材

「漢字のニンニン体そうカード」

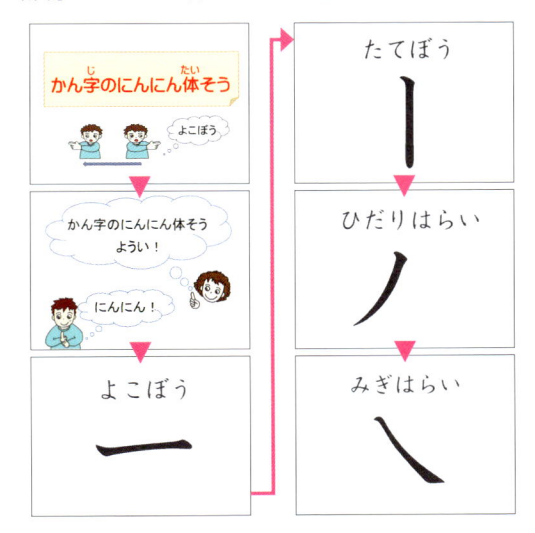

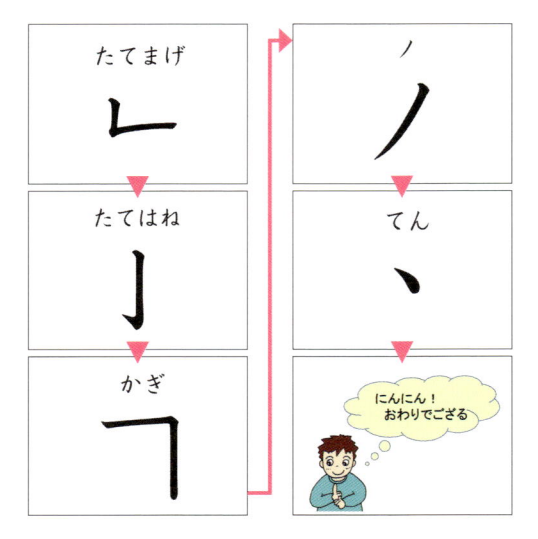

たてまげ	ノ
たてはね	てん
かぎ	にんにん！おわりでござる

「漢字のニンニン体そう」のうた

「漢字のにんにんたいそう♪」のうた

かんじの　にんにんたいそう　ようい！
にんにんで
「よこぼう」
「たてぼう」
「ひだりはらい」
「みぎはらい」
「たてまげ」
「たてはね」
「かぎ」
「ノ」
「てん」
にんにん
これで　おわりで　ござる
にんにん！

にんにん！

データ No. **56**

（2）教材を活用した場所

　Bさんの在籍する通常の学級の、一斉指導の新出漢字の指導で活用。

（3）教材について

■教材作成にあたって

　これまでの漢字の書き取り指導では、書き順に従って「いち、に、さん」と言いながら書き方を指導していた。しかしBさんの場合、この方法では少し時間が経つと、どこが1画目でどこが2画目なのかわからなくなってしまうようだった。また、「右」の字はノから、「左」の字は一から書き始めるなど、画数と文字の形とはつながりがないため、余計に混乱してしまうように思えた。また、「とめ」と「はらい」の違いや運筆の力加減が、ノートやプリントの中の小さなスペースではつかみにくいようだった。そこで、鉛筆を持って小さなマスの中に書く前に、大きく体を動かしながら身体全体で「とめ」「はね」「はらい」を感じたり表現したり、運筆の方向を身体を使って覚えさせ

たりしたいと考えた。そこで、漢字の構成要素に視点をあて、漢字の形や運筆の方向が意識しやすくなるような「漢字のニンニン体そう」を開発し、体操の補助教材としてニンニン体そうのカードと歌を作成した。

■活用方法

かん字のにんにん体そう　ようい！

にんにん！

①新出漢字を学習する前にみんなでこの体操をする。教師は、「漢字のニンニン体操ようい！」と言って、ニンニン体操のカードを提示する。子どもたちは、「ニンニン！」と言って両手を忍者のように組んだニンニンポーズで準備する。

よこぼう

よこぼう

②教師が「よこぼう」が書かれたカードを提示しながら「よこぼう」と言うと、次に子どもたちが一斉に「よこぼう」とかけ声をかけながらニンニンポーズの手を左から右に大きく動かしてよこぼうを空書きする。

にんにん！おわりでござる

③②と同じように、『たてぼう』『ひだりはらい』『みぎはらい』と順に、身体を大きく動かしながら漢字の構成要素を声に出して、ニンニン体操を行う。『てん』まで終わったら最後にはじめのニンニンポーズに戻り、「ニンニン終わりでござる」と言って体操を終わる。

④体操が終わったら、新出漢字の書き方を学習する。例えば「木」の書き方を学習する場合は、教師が「はじめに『よこぼう』を書きます。次に『たてぼう』です。そのあと『ひだりはらい』『みぎはらい』だよ」と言って、漢字の書き方をニンニン体操の構成要素で教える。

⑤国語の時間だけでなく、日常的にニンニン体操ができ、構成要素の意識化ができるよう、ニンニン体そうの歌も作り、朝の会の歌のコーナーで歌ったり、国語の時間のはじまりで歌ったりもした。

Bさんのようす

Bさんは、ニンニン体操をするたびに、構成要素を唱える声や動作が次第に大きくなって、体操をとても気に入ってくれたようだった。これまでは、書き順や運筆の方向もその日の気分によって変わっていたが、構成要素で学習することで漢字を書くときの運筆の方向も一定になり、とめたり、はねたり、はらったりすることにも気をつけて書けるようになっていった。

また、漢字を見たらその漢字がどんなパーツでできているのかを考えるようにもなり、「『よこぼう』『たてぼう』『ひだりはらい』に『みぎはらい』で最後は『よこぼう』これ何の字だ？」などと、自分で漢字を分解して教師に漢字のなぞなぞを出してくれるようにもなった。また、書き直しを指示されても、パーツの言葉を言ったり、パーツのカードを見たりしながら嫌がらずに取り組めたり、書き直しをすること自体も

減っていった。1年生の終わりに近づく頃には「今ね、ぼくのところにかん字の神さまが降りてきちょうばい」と言ってくれるなど、自分でも書くことに自信を持てるようになったようすが見られた。

担任の感想

体操をしながらの漢字学習ははじめての経験だったが、子どもたちも教師も楽しく学習することにつながった。特に忍者になりきって体操をするのが子どもたちのお気に入り。「漢字のニンニン体操」というネーミングが、Bさんだけでなく学級全体の子どもたちにワクワク感を持たせ、漢字学習への興味・関心を高めたように思う。

また、目でカードを見ながら、口で唱え、身体の動きで表現する活動が、子どもたちの集中力を高め、漢字の構成要素を覚えることに効果があった。漢字を書く要素を代表的な9つに絞って提示したことも、子どもたちが覚えられる適当な数であったと思う。

書き順についてのテストなどは実施していないが、机間指導でノートやプリントに書いているようすをみると、体操を思い出しながら書いたり、構成要素を唱えながら書いている子どももいて、書くのが苦手だった子どもたちの助けになっていることがわかった。

漢字を書く要素を身につけておくことは、漢字学習の基礎・基本であり、どの子にとっても今後の漢字学習に生かされていく大切な学習につながると感じた。

事例 3 漢字 「日記で漢字名人」で、漢字を確認する手だてを持ったCさん （4年生）

状態

- お手本があれば正しく書ける。
- 普段はほとんど漢字を使わない。
- 指示を聞き落とすことが多く、取りかかるまでに時間がかかる。
- 思い出して漢字を書くと、線が足りなかったり多かったりする。
- くり返しの練習に苦手意識が強く、なかなか取り組めない。
- 漢字テストは、5問程度であれば練習をしてくれば合格点が取れるが、学期末の50問テストになると、ほとんど書けない。
- 忘れ物や落し物が過度に多い。

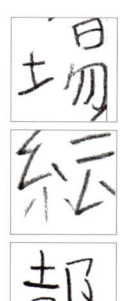

●困難が見られる場面

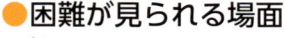
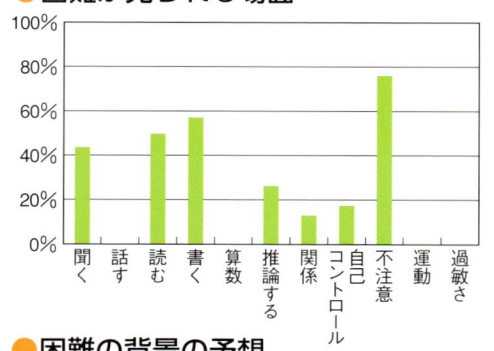

●困難の背景の予想

耳 からの情報処理の困難　**目** からの情報処理の困難　**衝** 動性の困難

推 し量ることの困難

困難の背景と学習場面での困難

- 耳からの情報処理の困難と目からの情報処理の困難が予想される。
- 情報を見落とし、聞き落としてしまいがちで、正しく覚えておくことに苦手さがあるのではないか。
- 漢字は「間違える」「覚えられない」という苦手意識が強いのでひらがなを使うことが多く、そのため漢字を書く機会が少なくなり、より定着が進まなかったのではないか。

支援の視点

- 日常の書く活動の中で、よく使う漢字を「確認して使う」機会をくり返し持つ。
- 確認する手だてを持つことで、正しく書くことをくり返す。
- 確認できることの安心感の中で正しくくり返すことで、定着につなげる。

支援の実際

（1）活用した教材
「日記で漢字名人」

データ No. 92

（2）教材を活用した場所
日記や作文を書く場面で使用した。

（3）教材について
■活用方法
・日常、よく使う漢字を「位置・ようす」「いつ」「だれが」「学校」「数字・日付」「どこで」「どうした」「部活など」「その他」のカテゴリーに分けて、シー

・トを作る。
・冊子にして、日記帳にはさんでおき、日記を書くときに手元に置いて確認に使う。
・同じ冊子を教室にも何冊か用意しておき、作文を書くときには、希望者に貸し出して使う。

Cさんのようす

・「見て書いていい」という安心感と「ここにある字を使えば○」という見通しの持ちやすさがあり、漢字に苦手意識を強く持っていたCさんもスムーズに取り組めた。
・ひらがなになっているものを直す際も、それまでは赤ペンで直してある上を機械的に消してなぞってくるだけだったが、「これとこれは載ってるよ」と声をかけると、自分で探して直すことができた。
・難しい地名でも、見て書こうとする姿がみられた。
・日記で使い慣れてくると、国語や社会の時間に文章を書く際にも「漢字名人使っていいですか」と聞くようになった。
・頻度の高い漢字は、少しずつ覚えて書けるものも増えてきた。

担任の感想

・日記や作文で、何度直させても次もひらがなで書いてきていたが、確認して書くことで、自分で書ける・直せるという自信が持てたようだった。
・4年生ということもあり、「習った漢字を使って書こう」というと赤ペンだらけになってしまうこともあったが、「これだけは書こう」と焦点化したことで「書けたね」と評価を返しやすかった。
・覚えられずに困っていることはわかっていたが、「文章の中で使うと覚えられるよ」「頑張って練習しようね」ぐらいしか声をかけておらず、「できない⇒やらない」なのを「やらない⇒できない」と思ってしまっていた。「できる方法がある⇒取り組

む」ということを実感した。

Cさんについて

・Cさんも担任も「確認できれば正しく書ける」という自信と見通しができたことで、わからない字は先生に言えば書いたメモをもらえるようになり、「聞いて・見て・書く」という姿が他教科の場面でもみられるようになった。
・漢字テストについても、「まず選んで正しく書く」という目標を本人・保護者とも共有し、解答を選択式にしたことで、積極的に取り組む姿がみられた。
・日常の漢字学習を漢字練習帳ではなく、書き込み式の漢字ドリルに切り替えた。忘れたりわからなくなったら確認できるページがあることで、取り組みやすくなった。

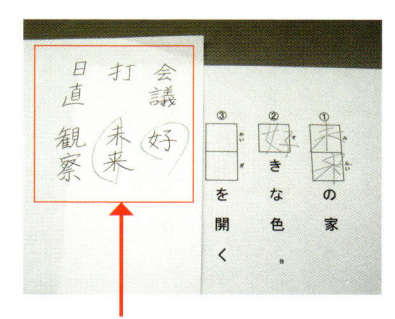

別の紙に選択できるように漢字を書いておく。慣れてきたら、正解のほかに誤答を数個加えて選ばせる。

他の児童について

・低学年では、日記帳の裏表紙にシートを貼り、覚えて書けるようになったら次のシートを上に貼っていくという形で活用した。
・高学年では、冊子をそのまま使うことが多かったが、ページ数が多くて探すことが負担になる子どもについては、下の写真のようにノートに貼りつけたり、「今、特に確認して覚えてほしい」シートだけラミネートしてカードにして持たせた。

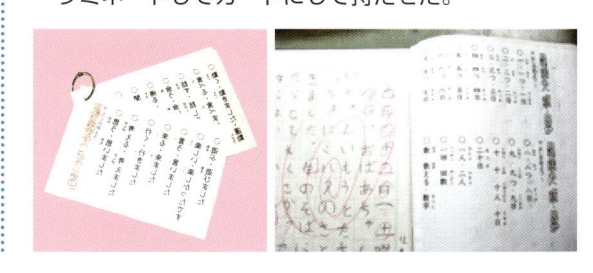

事例 4 漢字 漢字を正しく書くことが苦手な Dさん（2年生）

状態

- おおよその形は合っているが、「点の向きが違う」「線の数が1本多い、または足りない」「線のつきぬけ」などの間違いが目立つ。
- 一度誤って覚えた漢字については、その後もなかなか修正することができずに、いつも同じ間違いをくり返す。
- 本人に話を聞くと、「テストでは『先生が見直しをしましたか？』と聞くので、ぼくも見直しをしているよ。でもピン（×）が多い」と言っている。
- 本人も正しく書きたい気持ちはあるようだが、どうしたら間違いを減らせるのかはわかっていないようす。

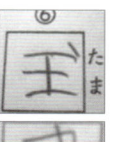 たま

 むら

●困難が見られる場面

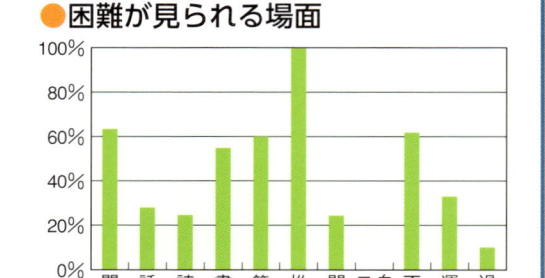

聞く / 話す / 読む / 書く / 算数 / 推論する / 関係 / 自己コントロール / 不注意 / 運動 / 過敏さ

●困難の背景の予想

 耳 からの情報処理の困難
 目 からの情報処理の困難
 動 きの困難
 衝 動性の困難
 推 し量ることの困難

▲資料1　指導前にDさんが書いた文字

困難の背景と学習場面での困難

- 目からの情報処理と耳からの情報処理の困難が予想される。そのため、大事なことを見落としたり聞きもらしたりしがちで、正しく書いたり覚えたりすることができにくいのではないか。
- 細部に注意を向けるのが苦手なため、惜しい間違いをしているのではないか。
- 本人は見直しをしていると思っていても、見直しの際の具体的なポイントが明確でないため、間違いを見過ごしているのではないか。

支援の視点

- 誤って覚えている既習漢字の、どこがどのように違うのかをきちんと押さえて、正しい漢字が書けるようにする。
- これから新出漢字を覚えるときに、気をつけて書く場所が意識できる工夫をする。
- 漢字の練習やテストのときに、見直しのポイントが確認できる手だてを考える。

支援の実際

（1）活用した教材

「正しい漢字はどっち？」

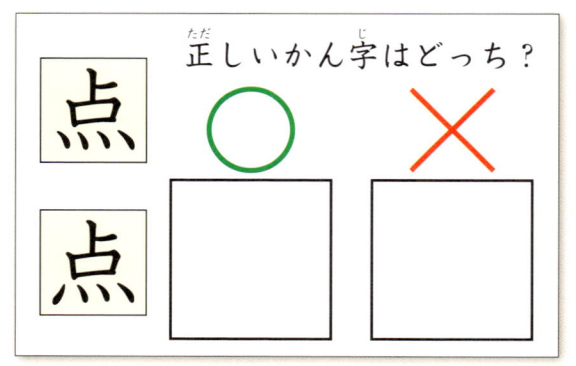

正しいかん字はどっち？

「漢字の見直し歌」

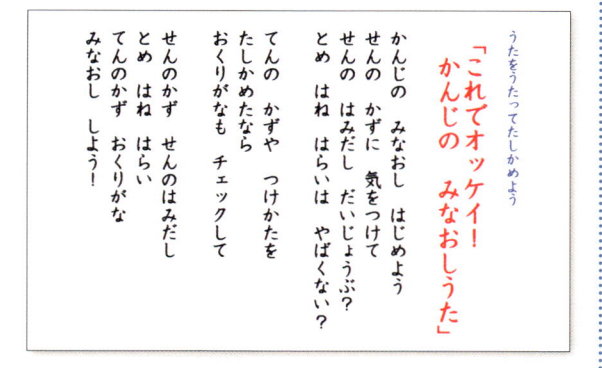

うたをうたってたしかめよう

「これでオッケイ！
かんじの　みなおしうた」

かんじの　みなおし　はじめよう
せんの　かずに　気をつけて
せんの　はみだし　だいじょうぶ？
とめ　はね　はらいは　やばくない？

てんの　かずや　つけかたを
たしかめたなら　チェックして
おくりがなも　チェックして
せんの　かずも　たしかめたなら

せんの　かずに　気をつけて
てんの　はみだし　だいじょうぶ？
とめ　はね　はらい
てんの　かずも　おくりがな
みなおし　しよう！

「まちがい文字付き〈漢字の見直し歌〉カード」

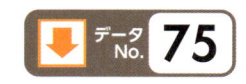

データ No. **75**

（2）教材を活用した場所

はじめに通級指導教室の個別指導で活用した。その後、Dさんが在籍する通常の学級の一斉指導でも活用してもらった。

（3）それぞれの教材について

■「正しい漢字はどっち？」教材作成にあたって

これまでのDさんは「漢字を書きながら側で間違いを指摘してもらう」「書いた後に赤ペンで修正して、間違いを知らせてもらう」といった指導を受けていた。しかし、間違えた後の指導ではあまり効果がなかったようだ。これは、Dさんが漢字を書くときに「ぼくはここを間違えやすいから気をつけよう」とか「ここの点の向きはこうだった」など、自分がどんな

間違いをしているのか認識できていないためと考えた。そこで、間違いやすい箇所が焦点化されるようにしたいと思った。そのために、まずはじめに既習漢字のチェックテストを行い、Dさんが間違えて書いているものを洗い出した。次に、間違えて書いた漢字と正しい漢字を書いたカードを作成した。その後、この2つのカードを比較させる活動を通して、「どこがどのように間違えているか」を丁寧に確認させたり、間違いを言語化させたりすることで、どこに気をつけて書けばよいのかを明らかにしながら、正しい漢字の学び直しをさせたいと考え、教材を作成した。

■活用方法

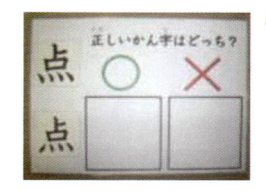

①教師は、「正しい漢字はどっちでしょう？」と言って、ミニホワイトボードに正しい漢字と間違った漢字が書かれた2枚のカードを提示する。Dさんは、2つの漢字をよく見て、どちらが正しい漢字かを考える。

②Dさんは、○の下の枠の中に自分が正しいと思った漢字カードを、×の下の枠の中に間違いと思った漢字カードを置く。

③Dさんが、間違えている箇所を矢印で指して、「どこがどのように違うのか」を言葉で説明する。その後、教師は正解を発表。正解したら、Dさんは、正しい漢字のカードを使って、例えば「左向きにてん、右向きにてん3つ」と言いながら、指で正しい点の字をなぞり書きする。

Dさんの学習時の姿

教師が「さあ次は『正しい漢字はどっち？　クイズ』だよ！」と言って教材を出すと、Dさんは毎回「よっしゃ！」と声を上げ、張り切ってくれた。自分の書いた漢字を書き直したり「あなたの漢字のここが違っていますよ」と指摘されたりしながら学び直しをするのではなく、クイズ形式で正解を考える活動がDさんの

やる気に火をつけて、「今日もぼくが間違いを絶対見つけてやるぞ！」とやる気満々で取り組んでくれた。

Dさんは、正しく書かれた漢字カードと間違いがある漢字カードを何度も何度も見比べながら「ええっとこれは・・・点の向きが一つだけ違ってるぞ」などと言い、正しいカードが選べるようになった。教師がピンポンブザーを使って正解を知らせると「やったー！やっぱりね。ここが違うんだよね」などと得意顔になり、もう一度間違いの場所を説明したり、あるときは「ここが難しいよね。ぼくもここをよく間違えるもんね」などと、自分の書く字と重ねたりしながら正しい漢字の形を確認していくことができた。

いろいろな漢字でくり返しゲームを楽しむうちに、実際に自分が漢字を書く場面でも「『春』はよこぼうが3本」などとクイズで確認した内容を口ずさみながら漢字を書いている姿が見られるようになった。また、新出漢字を学習する際にも、ドリルに書かれたお手本で、線の数や点の向きなどをじっくり見て、書き取り練習をするようにもなった。

漢字に苦手意識のあったDさんが、「もっとやりたい」「今日もクイズある？」と言う姿を見て、たとえ苦手であっても教材や提示の工夫で、Dさんにも楽しく取り組める学習があることや、興味や意欲を持って取り組めることが理解の度合いを深めていくことを感じた。

担任の感想

これまで、新出漢字の指導では、子どもたちが間違えそうな漢字を前もって教師の方から提示して「こんな風に書かないでね」などと指導することが多かったが、このゲームのやり方を知って、これまでの自分は子どもたちにわざわざ間違いのインプットをさせる指導をしていたのではないかと反省した。そこで、これ以降は「正しい漢字はどっち？ クイズ」で取り組みはじめた。このクイズの答えを考える子どもたちのようすを見ていると、自分が気をつけて欲しいと思っているポイントを、子どもたちは真剣な目をして的確に見つけ出すようになった。

Dさんも間違いを一生懸命探したり正しい漢字を選びとったりした経験が、実際に漢字を書くときに生かされ、「ええっと…そうそうあの時ここの線がおかしかったよね」などとクイズを思い出して正しく書く姿がみられた。

子どもたちの中には、このゲームが気に入って自分でクイズを作り問題を出す子どももいた。

■「漢字の見直し歌」 教材作成にあたって

漢字を書くときに、どこに注意すればよいかをつかみ、少しずつ慎重さが出てきたDさんだったが、漢字テストや宿題では間違いがあった。書くときに意識していれば正しく書けるようになった漢字でも、テストで時間制限があったり、宿題で書く量が多かったりすると、焦る気持ちからついつい間違いに気づけないままになってしまうようだった。そこで、書くときには間違った字を書いてしまっても、書いたあとに見直しをして自分でその間違いに気づき、訂正することができる力をつけたいと考えた。見直しをするときに「こんなところやこんなところに気をつけて見直しをしよう」というポイントを提示できれば、それに従って一つずつ確実に見直しができると考え、見直しのポイントをまとめて、それを歌で確認できる教材を作成した。

はじめは、歌詞の意味をきちんと理解して歌えるように、線がはみ出した漢字や線の数が違う「まちがい文字付き 〈漢字の見直し歌〉カード」を作成し、それを活用させた。慣れてきたら歌詞カードだけにして、歌詞から見直しのポイントを確認していく練習をさせた。その後、歌詞カードがなくても歌を歌いながら、自分で確認ができるようにしていった。

■活用方法

①使い方を練習するために、はじめは漢字テストの後に活用した。漢字テストが終わったら、〈漢字の見直し歌〉が書かれた「まちがい文字」付きの歌詞カードを出し、それを見ながら教師と一緒に歌を歌う。歌詞に慣れてきたら「まちがい文字」が入っていない歌詞カードを活用させる。

②教師がテストの①番の漢字を指差し、「さてこの漢字は、見直し歌のどれになるかな？」と尋ねる。Aさんは、「これは、線の数を見る」などのように、歌詞カードで確認しながら見直しのポイントを答える。

③Dさんが違うポイントを言ったときは、教師がさりげなく「線のはみ出しだいじょうぶ？」などと、歌を歌ってポイントを知らせる。

④見直しのポイントを確認して間違いがなければ、Aさんは「OK」と言って次に進む。間違っていれば、ここで正しい漢字を書き直す。

Dさんのようす

　歌を教えると、Dさんはすぐに歌詞を覚えて元気に歌ってくれた。ただ、はじめのうちは、歌詞の意味と見直しのポイントがうまくつながらなかったらしく、歌詞カードを見せてもすぐには見直しができなかった。そこで、歌詞の意味と見直しのポイントとのつながりを、「まちがい文字」付きのカードを活用して丁寧に教え、時には教師がDさんの頭に印象に残るような歌い方を工夫するなどして、くり返し見直しのポイントとDさんの文字の見直しの仕方をつなぐことが必要だった。

　はじめは「まちがい文字」付き歌詞カード、次は歌詞だけのカードを見ながら確認させる、最後は歌詞カード無しで歌いながら確認させるといったスモールステップでの指導を行うことで、徐々にカード無しでも見直しができたり、見直しをしなくてもより日常的に文字を書くときの注意点が意識づけられたりして、正しい文字を書けるようになった。

　学習中のDさんの姿を見て強く思ったのは、Dさん自身に「正しく書きたい」という気持ちを持たせることが、間違いを減らす何よりの手だてになったこと。そのためには「こうすればぼくは正しく書けるよ」といった「こうすれば」を教師が丁寧に指導していく必要があるということだ。さらに、「自ら漢字を見る視点を身につける」「自分で注意して書ける」ことが、学習意欲を支え、個々の力を伸ばすことにつながるのだということを、Dさんの姿から教えられた。

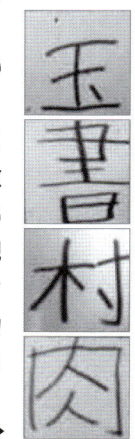

資料2　指導後にDさんが書いた文字▶

担任の感想

　学級でもよく歌ったことのある歌なので、子どもたちはすぐに大きな声で歌うようになった。

　今までもテストのときなどに、子どもたちに「見直しをしなさい」と声をかけてきたが、どう見直しをするのかをきちんと指導してこれたのか振り返ると、十分でなかったことに気づかされた。

　いつも教師に間違いの指摘をされて書き直しをしていたDさんが、自分の力で正しく漢字を書くスキルを身につけたことで、漢字学習に対するモチベーションも高まったように見えた。

　「漢字の見直し歌」は、「正しい漢字はどっち？ クイズ」と合わせて学習したので、子どもたちは漢字のどの部分を丁寧に見るのかがはっきりわかり、とても良かったと思う。なかには間違えている字を完全に正しいと思い込んでいる子どももいるが、そんなときは「さあ、○ちゃんと先生のどっちの意見が正しいのか確かめタイム！」と言って、教科書を使って確認するなどして、楽しく学ばせることができた。

　他の教科のテストでも、テストの見直しの仕方を教えたり、子どもたちの上手な見直しの仕方をみんなに紹介したりするようになった。

目からの情報処理の困難と動きの困難が予想されるEさん (5年生)

状態

- 書くことの困難が顕著で、お手本を見ながらでも正しく書くことができない。
- ノートを取ることがほとんどできない。
- 自分の書いた文字を後から読むことができない。
- ワークシートにまとめていくといった課題には取り組めない。
- 読んで内容を理解することはできるが、表記に注目して読み深めていくといった学習には参加できないことが多い。
- 学年が進むにつれて学習意欲が失われていく様子が顕著だった。

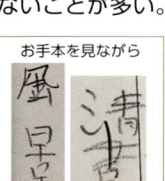
お手本を見ながら

想起して

●困難が見られる場面

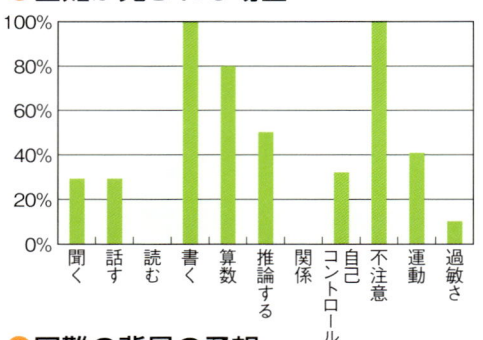

（グラフ）聞く、話す、読む、書く、算数、推論する、関係、自己コントロール、不注意、運動、過敏さ

●困難の背景の予想

目 からの情報処理の困難　**動** きの困難　**衝** 動性の困難

推 し量ることの困難

困難の背景と学習場面での困難

- 目からの情報処理と動きの困難が予想され、そのため文字の要素を正しく捉えたり形を整えて書いたりすることが難しいのではないか。
- 書くことで記録したり情報を共有したり考えをまとめたりという経験ができない状態が続き、書くことへの意欲を失ってきたのではないか。

支援の視点

- デジタルの手立てを持つことで、負担少なく情報を書いて整理していく体験につなげる。
- 困難の大きい手書きを前提にせず、学習の目的に沿った課題解決の方法を提示する。
- 書くことに困難があっても、書くことの利点を活かして学習できることを体感させる。

支援の実際

（1）活用した教材
光村図書の学習者用デジタル教科書・教材

（2）教材を活用した場所
　始めは個別指導の場面で導入し、その後、一斉指導の場面でも導入した。

（3）教材について
　光村図書の学習者用デジタル教科書・教材に搭載されている、「マイ黒板」の機能を活用。
※マイ黒板の機能を使うと、教科書の本文をなぞるだけで、その部分を抜き書きすることができる。

Eさんの学習時の姿

　今までは、ワークシートを配られても書くことはせず、白紙のままか絵を描いて時間をやり過ごしていたが、「触ったところをそのまま書き抜くことができる」という機能に触れて、とても興奮した様子だった。

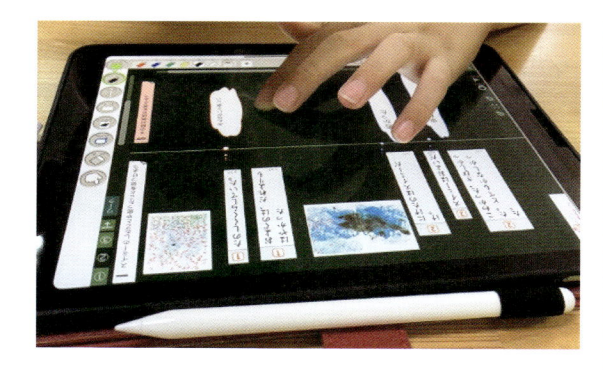

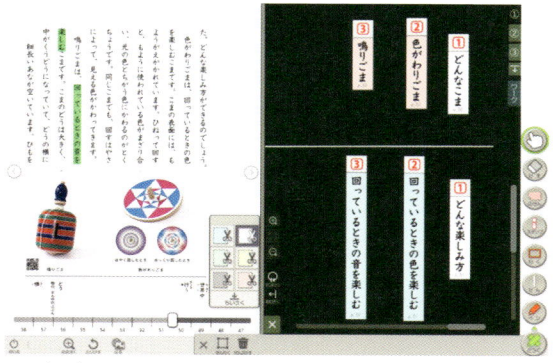

▲なぞるだけで、大事な言葉や文章を書き抜ける

「ここもかな」「いや、こっちかも」と言いながら、登場人物の「様子や行動」「心情」について書かれた箇所を、場面ごとに何度も読み返しながら探す姿が見られた。

テーマに沿って情報を整理していくために何度も何度も読み返し、それを元に、書かれていない心情について想像したことを、吹き出しに打ち込んでいった。

これまでできなかった「書かれている言葉を手掛か

りにして読み込んでいく」ことができたEさんの単元終わりの感想は、「○○（登場人物名）カッコ良すぎる！」だった。

学年的に十分な読み込みができたかというと課題は残るが、これまでの手書き前提の学習では絶対にできなかった体験ができたことで、Eさんはとても満足げだった。

■**活用の広がり**

・書くことについて拒否感が強かったEさんだが、「書いておく」ことの良さを体感することができた。

・これまでもキーボード入力や写真での記録などについて提案はしてきたが、不注意の高さも顕著で、そうした手立てを習得することにも消極的だったのが、「マイ黒板がなかったら写真に撮ればいいんだよね」と言い始め、写真で記録→トリミング→ノートアプリに貼り付けておくといった活動や、補足でテキストを入力していくことにも意欲的になっていった。

担任の感想

・「これ、Eさんが書いたんですよ」と個別指導の先生から言われて初めてマイ黒板を見た時には、「こんなにしっかり考えて読み取れるんだ」と驚いた。

・国語の時間はいつもぼんやりしていたりノートに絵を描いていたりする姿が多く、「高学年の内容は難しいんだろうな」と思っていたが、「書けない」ことが「考えられない」「参加できない」という姿に見えてしまっていたことを改めて感じた。

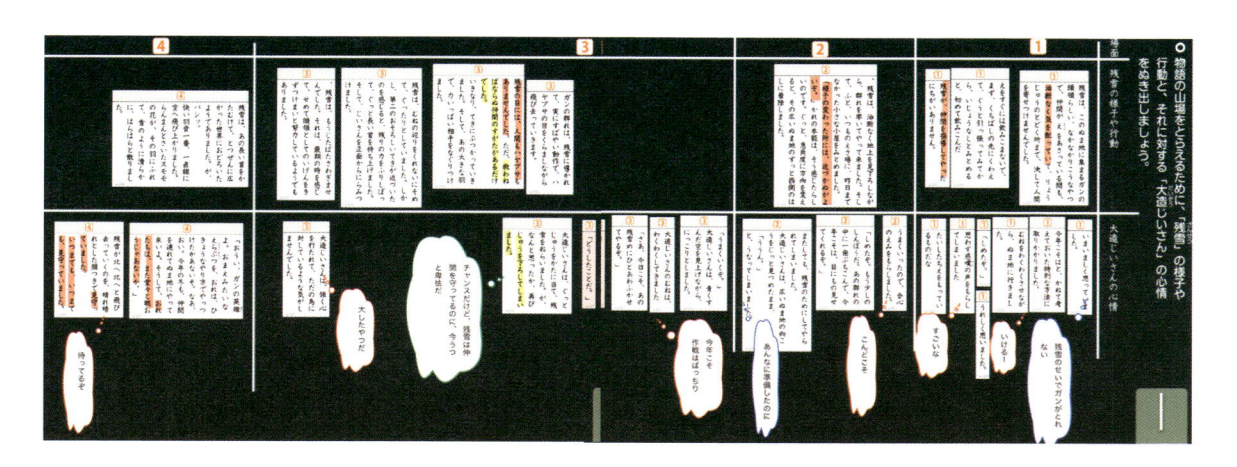

コラム－❶ 多様な教科書から選ぶ

今は、学校の授業の基盤となる教科書も多様になってきています。一人ひとりの困難の状況に応じてそれらを選んでいくには、その大前提となる教科書の選択肢を知って試して比べる機会が大切です。

① 教科用特定図書等

教科用特定図書等とは、「視覚障害のある児童及び生徒の学習の用に供するため文字、図形等を拡大して教科書を複製した図書（以下「拡大教科書」という。）、点字により教科書を複製した図書（以下「点字教科書」という。）、その他障害のある児童及び生徒の学習の用に供するため作成した教材であって教科書に代えて使用し得るものをいいます」。(文部科学省HPより)

▲文部科学省HP

教科用特定図書の中から、ここでは、紙の教科書から教科書を読むことが難しい子どもたち向けに作られた「音声教材」についてご紹介します。

「音声がついた教科書」という部分は共通していますが、それぞれに特徴があり、対象児童の特性や学年、使用したい教科やアクセス方法などを比較して、一人ひとりに合ったものを選ぶことが重要です。

●マルチメディア デイジー教科書
（公益財団法人日本障害者リハビリテーション協会）
・肉声または合成音声による読み上げ機能のある教科書（テキスト、挿絵、音声）。
・ハイライト機能、ルビ表示（総ルビ、教科書ルビ、学年段階ごと）、分かち書き（一部の教材で対応）、縦書き・横書きの変更、文字の拡大・縮小、文字色・背景色の変更が可能。

●文字・画像付き音声教材 UD-Book教科書 （広島大学）
・合成音声による読み上げ機能のある教科書（テキスト、挿絵、音声）
・読み上げ、ハイライト機能、ルビ表示（総ルビ）、縦書き・横書きの変更、文字の拡大・縮小、フォントの変更、文字色・背景色の変更ができる。
・固定モード（原本教科書に似せた表示）、行移モード（文字だけの表示）、もしくはその同時表示が選べる。

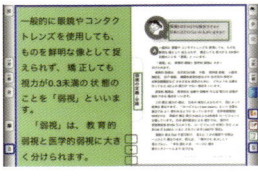

●音声教材BEAM （NPO法人EDGE）
・合成音声による音声教材（音声）。
・音声のみの教材であるため、データ容量が軽く、操作が簡便である。

●ペンでタッチすると読める音声付教科書 （茨城大学）
・通常の教科書と見た目がほぼ同じ紙冊子に音声ペンでタッチすることにより読み上げをする教科書。
・持ち運びしやすく、小学校低学年でも簡単に一人で操作できる。

●AccessReading （東京大学先端科学技術研究センター）
・端末のアクセシビリティ機能の合成音声を使って読み上げる教科書（テキスト、挿絵）。
・文字の大きさ、色の変更、ハイライト機能など、使用するアプリの機能で様々な調整ができる。Word版とEPUB版の2種類がある。

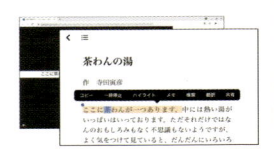

●UNLOCK （愛媛大学）
・合成音声による読み上げ機能のある教科書（テキスト、音声）。
・パソコンやタブレット端末、音声ペンにより利用可能。
・音声ペンの場合は、音声のみの教材（紙の教科書に再生用シールを貼って使用）。
・パソコンやタブレット端末にて利用する場合、PDFかEPUBかが選べる。

② 学習者用デジタル教科書

「学習者用デジタル教科書」とは、「紙の教科書の内容の全部（電磁的記録に記録することに伴って変更が必要となる内容を除く。）をそのまま記録した電磁的記録である教材を指しています」。(文部科学省HPより)

●光村図書出版 「学習者用デジタル教科書・教材 国語」
・読み上げさせる、背景色を変える、文字の大きさを変える、読み上げのスピードを変える、ルビを打つ、行間をあける、分かち書き表示にするなど、視覚・聴覚両面からの情報を扱う手だてが選択肢として用意され、試して比べながら自分に合った教科書にカスタマイズすることができます。

「マイ黒板」（2章・事例5にも掲載）
・教科書の中の文章や挿し絵を抜き出し、カード化して編集できる機能がある。
・その際、何段落から抜き出したものかも表示される。
・課題に対して、抜き出した言葉や文章を並べたり線でつないだり、表にまとめたりしながら考えを深めていくことができる。
・他にも書くことの困難を支える機能が複数あり、手書きやテキスト入力で書き加えたり、用意されたスタンプを使ったり、挿絵を貼ったりして、情報を整理できる。

3章
今すぐ使える！
国語の支援教材

3章の構成と使い方

　3章「今すぐ使える！ 国語の支援教材」では、文字学習の前段階（レディネス）にあたる学習から、文章の作成・理解まで、読み書きに関するものを中心に、授業ですぐに使える国語の支援教材を100例紹介しています。
　1ページにつき基本1例で、各ページの構成は以下のようになっています。

教材を使用したり、活動を行ったりする主な場面や、人数の目安を示しています。対象となる子どもやクラスの実態に合わせてアレンジしてかまいません。

「文字学習の導入」「ひらがな・カタカナ」「漢字」「文・文章」「情報整理」の5つに学習内容を分類しています。

通し番号

「こんな子どもに」のような学習のつまずきの背景にある、困難の要因と予想されるものを示しています。「困難の背景」については、本書のP5（あるいは、同シリーズ『改訂版 特別支援教育 はじめのいっぽ！』2021年、Gakken）を参照してください。

支援教材の対象となる子どもの姿。

支援教材をビジュアルで紹介。特長や使い方のアドバイスもあります。

支援教材の実践例・使用例。

支援の方向性、教材の内容をおおまかに示しています。

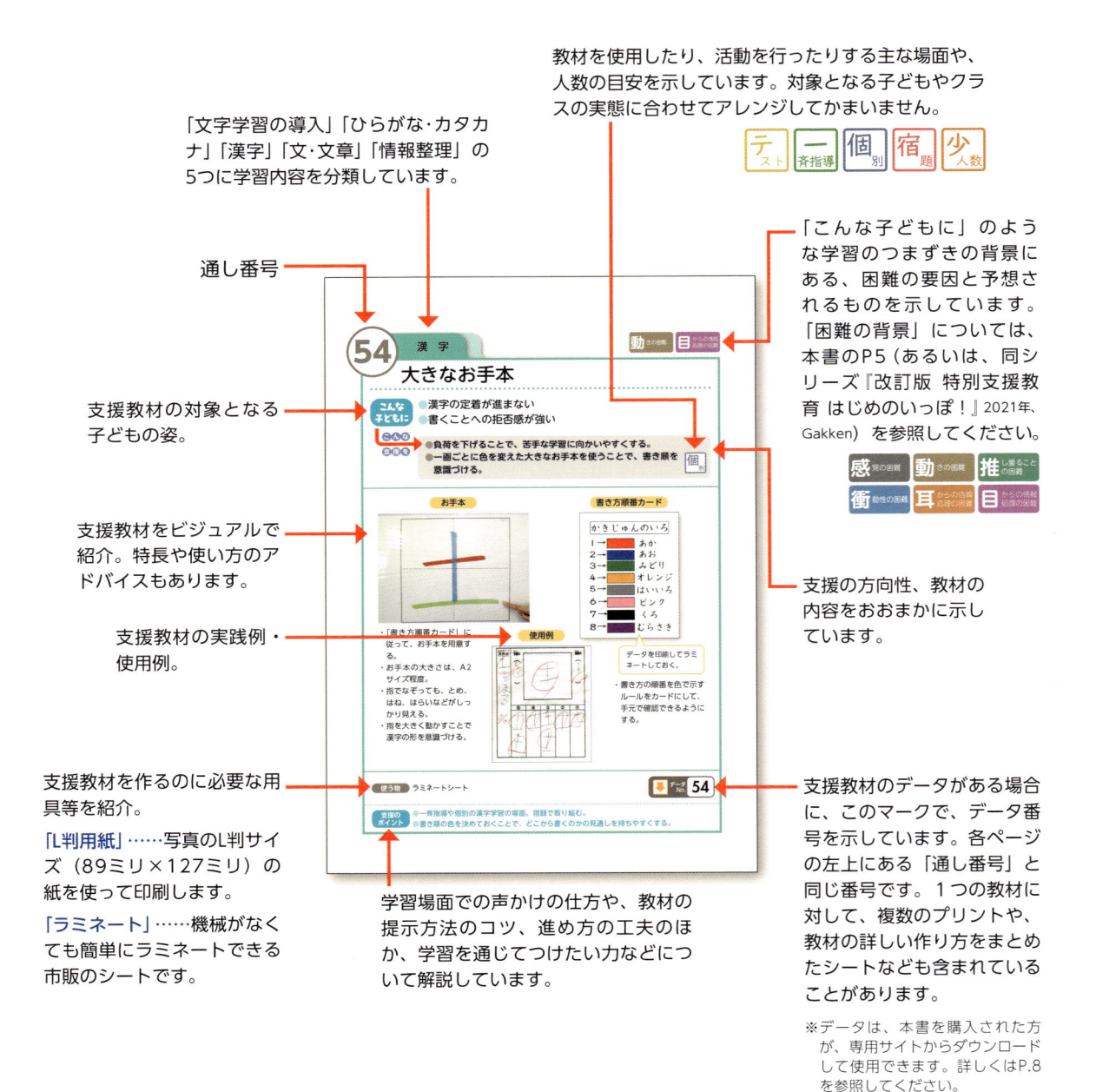

支援教材を作るのに必要な用具等を紹介。

「L判用紙」……写真のL判サイズ（89ミリ×127ミリ）の紙を使って印刷します。

「ラミネート」……機械がなくても簡単にラミネートできる市販のシートです。

学習場面での声かけの仕方や、教材の提示方法のコツ、進め方の工夫のほか、学習を通じてつけたい力などについて解説しています。

支援教材のデータがある場合に、このマークで、データ番号を示しています。各ページの左上にある「通し番号」と同じ番号です。1つの教材に対して、複数のプリントや、教材の詳しい作り方をまとめたシートなども含まれていることがあります。

※データは、本書を購入された方が、専用サイトからダウンロードして使用できます。詳しくはP.8を参照してください。

1 文字学習の導入

ひらがなチップ

こんな子どもに ● ひらがなの読みの定着が進まない

こんな支援を ➡ ● ばらばらのチップを並べて、名前やなじみのある言葉をつくっていくことで、ひらがな表記と読みをつなげる。 個別

ひらがな５０おん									
わ	ら	や	ま	は	な	た	さ	か	あ
	り		み	ひ	に	ち	し	き	い
を	る	ゆ	む	ふ	ぬ	つ	す	く	う
	れ		め	へ	ね	て	せ	け	え
ん	ろ	よ	も	ほ	の	と	そ	こ	お

ひらがな５０おん									
わ	ら	や	ま	は	な	た	さ	か	あ
	り		み	ひ	に	ち	し	き	い
を	る	ゆ	む	ふ	ぬ	つ	す	く	う
	れ		め	へ	ね	て	せ	け	え
ん	ろ	よ	も	ほ	の	と	そ	こ	お

2枚のシートのうち、1枚は1文字ずつ切り取り、もう1枚のシートの上に置いていく

・バラバラに並べた文字チップを、お手本に合わせて順番に並べ、1文字ずつの読み方を確認する。読み方がわからないときは、名前を順番に1文字ずつ声に出して読む。

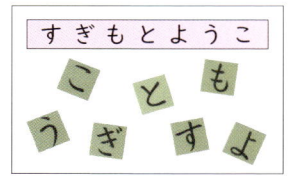
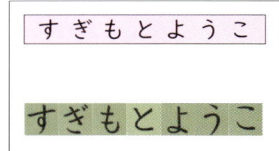

・自分の名前の文字を覚えたら、次は家族の名前、先生や友だちの名前を覚える。ある程度の文字を覚えたら、次はその文字を使って、いろいろな言葉づくりにチャレンジして、読みを確かにしていく。

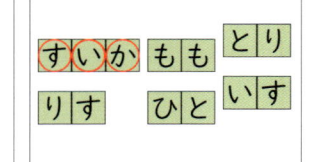

使う物 小分けケース、ラミネートシート

データ No. **1**

支援のポイント
● チップは子どもがつまみやすいように、少し厚みのあるものを使う。
● チップを入れておくケースに
　・つくる言葉で使うチップだけを入れておく。
　・使わないチップもまぜておく。
　・2〜3の課題に対してのチップを一緒に入れておく。
などの変化をつけて負荷を調整する。

② 文字学習の導入

音とひらがなの一致「みんなでひらがな」

● ひらがなを見ても読みが思い浮かびにくい

こんな支援を ➡ ● 音を手がかりに、多様な選択課題に取り組ませ、読みと文字の一致を促す。　 個別

iOSアプリ 「みんなでひらがな」 (Genki Mine)

● **音を聞いて、2枚のひらがなカードから正しいほうを選ぶ課題**
・2択なので負担感が少なく、取り組みやすい。

● **イラストの「物の名前」の音を聞いて、カードを並べる課題**
・イラストや、ひらがなのカードをタップすると、音が確認できる。

● **音を手がかりに、50音表をひらがなでうめていく課題**
・表の空欄をタップすると、そこに入るひらがなが読み上げられる。
・左下のカードをタップしても、そのひらがなが読み上げられる。

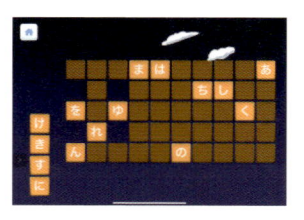

入手先

支援のポイント
● 常に音が確認できることで、1人でも反復して学習しやすくする。
● アナログの選択課題と併用すると、効果が出やすい。

3 文字学習の導入

推 し量ること の困難　　耳 からの情報処理の困難　　目 からの情報処理の困難

ひらがなカードの選択

こんな子どもに
- ひらがなの読みが定着しにくい
- 似ている形のひらがなの読みで混乱する

こんな支援を
- 音の手がかりがある選択形式の課題により、負担を軽減して反復練習ができるようにする。　個別

・ひらがなカード2枚を提示しながら指導者（先生）が1つを読み上げ、子どもがカードを選ぶという2択の課題に取り組む。

・2択からスタートし、選べるようになってきたら3択、4択とするなど、負荷を調整しながら取り組ませる。

・音の手がかりがあればカードを選べるようになってきたところで、「この字は？」と音の手がかりがない課題に移行していく。

支援のポイント
- 1文字ずつで読めるひらがなが増えてきたら、「いし」「とり」といった短い言葉を聞いてカードの中から選ぶ活動を入れていく。聞いた言葉をひらがなカードで表すことで文字と対応させたり、それを読んで言葉に合成したりする学習も行うと、読み書きの学習にもつながっていく。

4 文字学習の導入

アイスのへらでマッチング

こんな子どもに ●ひらがなの読みの定着が進まない

こんな支援を ➡
●ひらがなを並べて言葉をつくっていくことで、ひらがな表記と読みをつなげていく。
●切り込みで文字の数を示し、そこにアイスのへらを挿し込んで、言葉を音に分解したり、音を言葉に合成したりしていき、言葉ができることを体感させていく。

個別

裏面がシールになっているインクジェットの用紙に印刷し、空き箱に貼りつけて土台を作る。

●土台

切り込みを入れておく

へらは土台の箱に入れて保管する

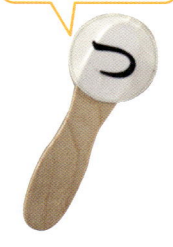

「い・ぬ」と発音しながらへらを挿していく。
片づけるときも、「い・ぬ」と発音しながらへらを抜いていく。

●ひらがな

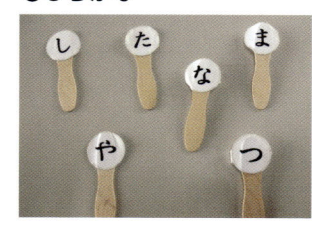

アイスのへらに、少し厚めの紙に印刷して切り抜いたひらがなを貼っておく。

使う物 アイスのへら、インクジェットの用紙（シール）

 データ No. **4**

支援のポイント ●その子どもの中にある、興味のある言葉、これから学習する言葉などを使う。
●文字の形をきちんと見て、音とつないでいく。

文字学習の導入

衝 動性の困難 耳 からの情報処理の困難 目 からの情報処理の困難

ひらがなカードマッチング

こんな子どもに ● ひらがなの読みの定着が進まない

こんな支援を
● 文字と絵をマッチングしていくことで、表記と音のつながりを意識づける。
● シールや切り込みで文字の数を示すことで、言葉の文字数を意識させていく。

個別

絵にひらがなカードをマッチング

絵の名称の文字の数だけ、絵の上にドットシールを貼っておく

文字に絵カードをマッチング

い え

あ ひる

最初に発音する音を明確にして、音の順番を把握しやすくする

絵とひらがなカードをマッチングさせていく

使う物 ドットシール

 データ No. **5**

支援のポイント ● 絵のカードに対してひらがなカードを、
・絵のカードの分だけ入れておく。
・使わないカードも混ぜておく。
などの変化をつけて負荷を調整する。

 耳 からの情報処理の困難 目 からの情報処理の困難

たべものあいうえお（読みマッチング）

こんな子どもに
●ひらがな・カタカナの読みの定着が進まない

こんな支援を
●興味のある語彙で、ひらがな・カタカナ表記への関心を高める。
●絵で確認しながら、ひらがな・カタカナを読むことをくり返し、読みの定着へつなげる。
●確認できる方法を持ちながらマッチングをくり返すことで、ひらがな・カタカナ表記と音とをつなげていく。

個別

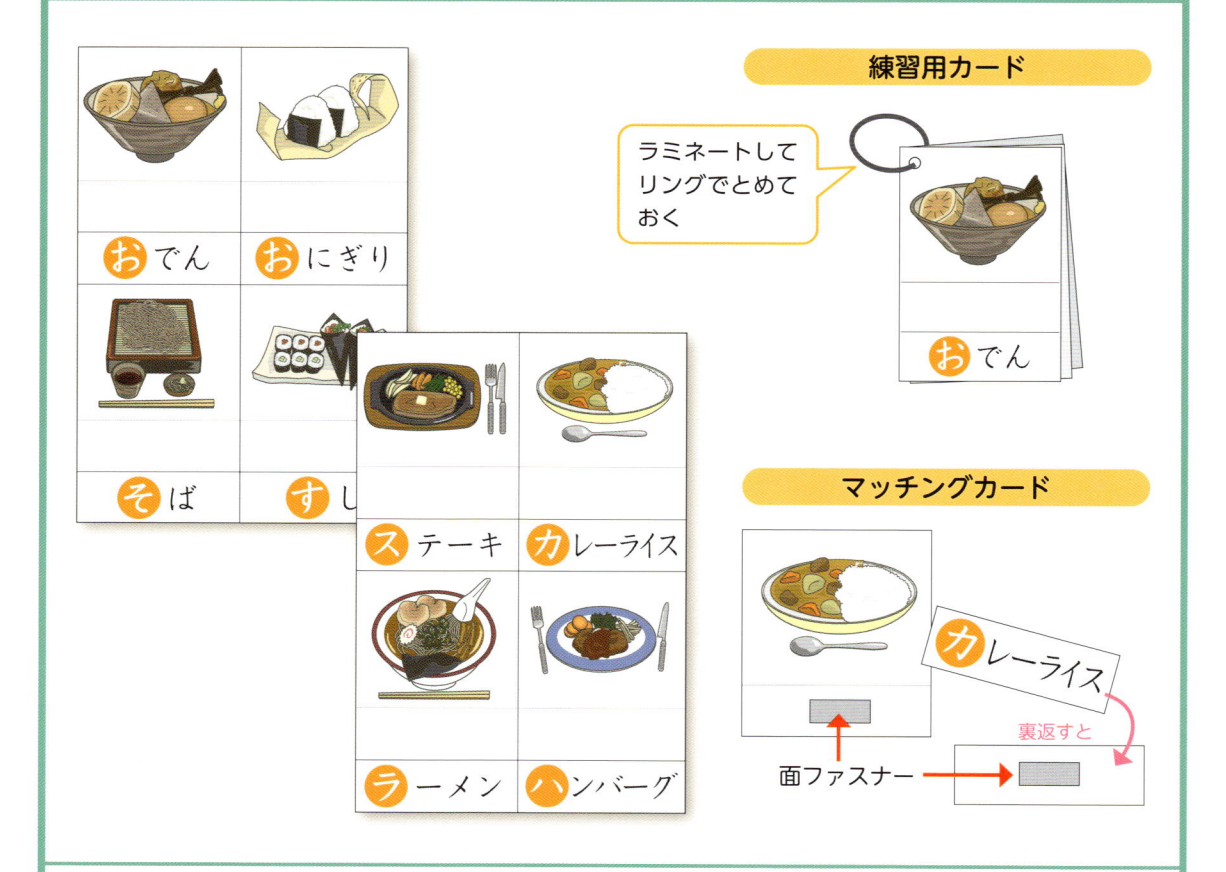

練習用カード

ラミネートしてリングでとめておく

マッチングカード

裏返すと

面ファスナー ➡

使う物 面ファスナー、ラミネートシート、リング

データ No. **6**

支援のポイント
●練習用カードで、絵を手がかりに下に書いてある言葉を読むことをくり返す。
●マッチング用のカードは面ファスナーで貼ったりはがしたりをしやすくしておく。

7 文字学習の導入

衝 動性の困難　耳 からの情報処理の困難　目 からの情報処理の困難

言葉の理解「こども脳機能バランサー for iPad」

 **こんな子どもに**
- 聞き落としが多い
- 言葉を聞いて、物や状態をイメージすることが難しい

こんな支援を
- 聞いて答えを出す課題により、注意して聞く練習をさせる。
- 音声や文字を手がかりにして選択課題に取り組ませ、言葉の理解につなげる。

 個別

 iOSアプリ「**こども脳機能バランサー for iPad**」(LEDEX)

文を聞いて、それに合った画像を選択する課題
・音を繰り返して聞いて確認できる。

・複数の条件を理解しないと正解できない課題に取り組むことで、文章を理解する体験を重ねる。

言葉と画像を線でつなぐ課題
・言葉の横には音声のボタンがあり、文字が読めないときから取り組める。

入手先

支援のポイント
- 上記以外にも複数の課題があり、自動で出題させることもできる。
- 苦手さの大きい課題を出題範囲から外すこともできるので、1人で無理なく取り組める範囲から始めるとよい。

衝 動性の困難　耳 からの情報処理の困難　目 からの情報処理の困難

音とひらがな・カタカナの一致 「ひらがなめっちゃわかるもん!!」

こんな子どもに

- ひらがなやカタカナの定着が進まない
- ひらがなやカタカナを見ても読みが思い浮かびにくい

こんな支援を

- ばらばらの文字を並べて画像で示された言葉を作ることで、文字と読みをつなげていく。 個別

iOSアプリ 「ひらがなめっちゃわかるもん!! 」 (YUUKI UCHIYAMA)

- 画像の言葉を「選択」「並べ替え」「50音から選択」という3つの方法から選んで解答できる。
- 解答欄にヒントとして文字を薄い色で表示することも、表示しないこともできて、難易度を調整しやすい。

- オリジナルの画像でカードデッキを作ることもできるため、対象児童の興味のあるジャンルの言葉を教材化できる。
- 正しく解答すると、1文字ごとに音（ひらがなの読み）が流れるので確認しやすい。

入手先

支援のポイント

- 元々アプリに用意されているカードだけでなく、その子の興味に合わせてオリジナルのカードデッキを作ることで、意欲を引き出し、反復して取り組みやすくする。

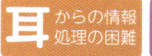

文字学習の導入

⑨ 文字学習の導入

音とひらがなの一致「First Words Japanese」

- ひらがなの定着が進まない
- ひらがなを見ても読みが思い浮かびにくい

こんな支援を
- 音のついた文字のチップを組み合わせて言葉を作っていくことで、文字と読みをつなげていく。 個別

 iOSアプリ「First Words Japanese 」 (Learning Touch LLC)

・左下のイラストをタップすると、その名前が音声で流れる（例：「うま」「にじ」）。

・文字チップを触っても、解答欄を触っても、その文字の読みが音声で流れる。

・解答欄に文字を表示しておけば、まだ文字と読みが一致していない時でも、マッチング課題として取り組める。操作する文字チップを触るごとに読みが聞こえるので、無理なく読みと文字をつなげられる。
・解答欄の文字表示は設定でoffにできるので、難易度が調整できる。
・解答が正解すると、「に」「じ」と1文字ずつ読みが流れた後に「にじ」と言葉の塊の読みが聞こえるため、文字を合成して言葉にしていく体験を積みやすい。

入手先

支援のポイント
- 常に音が確認できることで、1人でも反復して学習しやすくなる。
- 全く文字が読めない時から取り組めて、正解で終わることができるのがよい。

⑩ 文字学習の導入

線なぞり「もじルート」

 **こんな子どもに**
- ●文字の基本的な線の動きを習得していない
- ●筆記具をコントロールすることが難しい

 **こんな支援を**
- ●文字の構成要素である「線の動き」を指でなぞって確かめることで定着させていく。 個別

iOSアプリ「もじルート」(Takayuki Mori)

・指で、触覚を使ってなぞると、その跡を乗り物が通っていく。
・動く乗り物を目で追うことで、視覚的にも線の動きを捉えられ、多感覚を活用しながら線の方向や要素を確かめることができる。

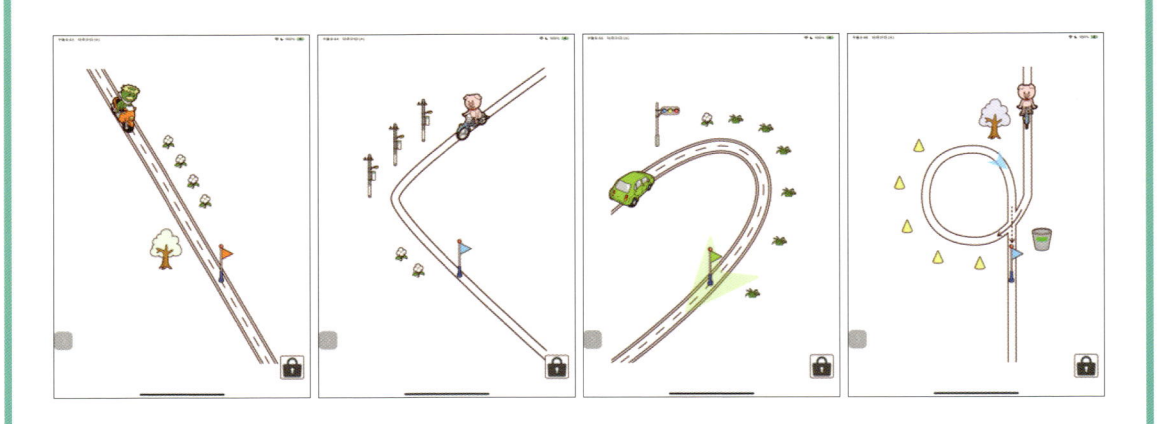

入手先

 **支援のポイント**
- ●「どこからどこへ、どう向かえばいいのか」の情報が明確で即時性があるアプリを使って負担を少なくし、効果的に学習を反復できるようにする。
- ●ポイントになる箇所に花のイラストがあるなど工夫されているので、子どもがそこに注意できるよう声かけをする。

11 文字学習の
導入

小麦粉粘土でひらがな

こんな子どもに

- なぞり書きでも、正しく書けない
- 線の関係を、正しく捉えられない

こんな支援を

- 線の重なりやつながりを、見るだけでなく粘土で作って確認することで意識づける。
- 平面の線書きのお手本を粘土で立体として再構成することで、線の重なりやつながりを意識しながら文字を捉える体験を積む。

個別

文字の形

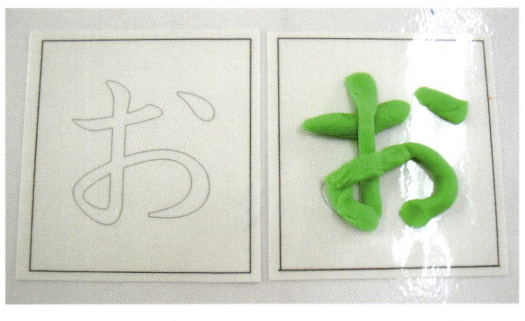

運動の方向性

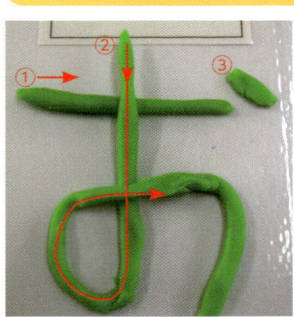

① よこ

② おろして
　ぐるるんるん

③ ちょん

お手本を見ながら、同じシートの上に、粘土でひらがなを作っていく。

慣れてきたら、自分の名前や身近な言葉を粘土で作ってみる。

お手本は
ラミネートしておく

使う物　小麦粉粘土、ラミネートシート

データ No. **11**

支援のポイント

- 同じ教具を使い、お手本の提示の有無や方法を変えて難易度を調整する。
  - ・お手本シートの上に作る。
  - ・お手本を横に置いて作る。
  - ・お手本なしで作る。

動 きの困難　目 からの情報処理の困難

たべものあいうえお（ぬる・はる）

こんな子どもに
● なぞり書きでも、正しく書けない
● 線の関係を、正しく捉えられない

こんな支援を
● 線の重なりやつながりを、見るだけでなく触って確認することで意識づける。
● 色をつけたりシールを貼ったりすることで、じっくりとお手本を確認したり、線の重なりやつながりを意識しながら文字を捉える体験を積む。　個別

クリアファイルに入れて、上から触って確認できるようにする

かわくとふくらむペンで、お手本を作る。

お手本を触ってから、シートの文字を色鉛筆でぬる。

お手本を触ってから、シートの文字にドットシールを貼っていく。

使う物　かわくとふくらむペン、ドットシール、クリアファイル
＊データ6とデータ13を使用してください。

データNo.. **6・13**

支援のポイント
● 触れるお手本は指で何度もなぞるので、クリアファイルに入れておく。
※ 写真の子どもが食べ物に興味が高かったので、彼女の語彙にあるもので作成した。

13 ひらがな・カタカナ

ひらがなしっかりシート

こんな子どもに
● 書き始めの位置や、線の方向性が捉えにくい
● 線の関係を、正しく捉えられない

こんな支援を
● 線の重なりやつながりを、見るだけでなく触って確認することで意識づける。
● シールを貼ったり色を触ったりすることで、じっくりとお手本を確認したり、線の重なりやつながりを意識しながら文字を捉える体験を積む。

個別

ドットシールを貼った後に、触ってなぞって確かめる。

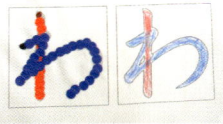

上のお手本には色をつけておく。
左のシールエリアは、スタートの場所に印をつけておく

使う物 ドットシール、クリアファイル

データ No.. 13

支援のポイント
● ドットシールはB6のクリアファイルに入れておき、お手本を見ながら自分で色を選んで使えるようにしておく。
● 方向性がより捉えにくい子の場合は、スタート地点の印に矢印も書き込んでおく。

衝 動性の困難　目 からの情報処理の困難

「ゆびなぞりカード　ひらがな」

こんな子どもに
● なぞり書きでも、正しく書けない
● 線の関係を、正しく捉えられない

こんな支援を
● 線の重なりやつながりを、見ただけでなく、くぼんだカードの線を指でなぞることで意識づける。

個別

「ゆびなぞりカード ひらがな」　（くもん出版）

ねこ　cat

ひらがながくぼんでいるカード。
触って形と線のつながりを確認できる。

支援のポイント
● 指でなぞってからホワイトボードマーカーで書き込んだり、左の絵と合わせて「ありのあ」というように声に出したりしてから、ノートへの練習につなげる。
● 間違えた時は、カードをもう一度なぞって確認させる。

15 ひらがな・カタカナ

「やさしいひらがな」

ひらがな・カタカナ

こんな子どもに
- 書くことに困難があり、お手本があっても形が取れない
- ひらがなの細部に注意がいき、形が崩れてしまう

こんな支援を
- はねやはらいの情報のない、シンプルな形のひらがな練習帳を使うことで、文字全体の形を捉えさせていく。

個別 宿題

「やさしいひらがな」 （くもん出版）

・線の練習とひらがなの練習が交互に出てくるため、練習した線の動きで文字を書くことを意識づけやすい。
・はねやはらいがないことで、文字の形を捉えやすい。
・書きやすいものから順に出てくるので、取り組みやすい。

支援のポイント
- はねることを意識しすぎて、「は」の1画目を「し」のように書いてしまう子は、はねやはらいなどがない文字を手本にして、文字の形自体に意識がいくようにする。
- 終点に星印が付いているので、「星まで線を書く」ように声かけする。

 動 きの困難  衝 動性の困難  目 からの情報処理の困難

「もじのかたちをとらえるための **ひらがなれんしゅうちょう**」

 こんな子どもに
● 線の運びがスムーズでなく、ぎこちない文字になってしまう

 こんな支援を
● ひらがなの構成や線の運びを、子どもたちの身近な言葉で示したり、同じ筆運びの文字を組み合わせて練習することで、意識づけていく。　個別　宿題

「もじのかたちをとらえるための ひらがなれんしゅうちょう」

（NPO法人リヴォルヴ学校教育研究所）

同じ筆運びの文字を
同じページで楽しく
練習できる。

入手先

本商品の指導の手引を左記URLから無料でダウンロードできる
（対象：保護者、教員、教育関係者）。

支援のポイント
● ひらがな学習を行う際の個人練習帳として導入したり、ひらがなが苦手な子どもの宿題帳として活用したりする。

17 ひらがな・カタカナ

 **動**きの困難　 **目**からの情報処理の困難

筆記具いろいろ

 **こんな子どもに**
- 線の運びがぎこちなく、曲線や折れ線がなめらかに書けない
- 筆圧がうまくかけられない
- 鉛筆がうまく持てない

 **こんな支援を**
- 持ちやすく、扱いやすい長さ、形、太さ、芯のやわらかさの筆記具を用意する。 〔個別〕

鉛筆

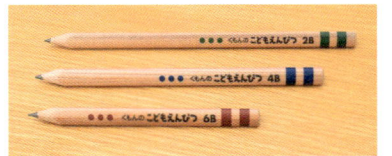

「こどもえんぴつ（6B・4B・2B）」
（くもん出版）
※別売りの専用の鉛筆削りが必要

「さんかくえんぴつ（6B・4B・2B）」
（学研ステイフル）
※別売りの専用の鉛筆削りが必要

「おけいこえんぴつセット 6B」
（トンボ鉛筆）

シャープペンシル

「キャンパス ジュニアペンシル」（コクヨ）
・太い芯（0.9ミリ・1.3ミリ）で、折れにくい。
・鉛筆のように先が丸くならず長時間使え、補助具を付けたままでよい。削って短くなることもないので持ち方が変わらない。
・分解できないので、集中を妨げない。

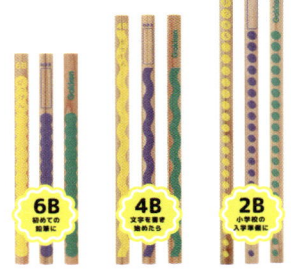

 **支援のポイント**　●書きやすさを支えることで、書くことへの意欲を失わせない。

動 きの困難　目 からの情報処理の困難

筆記の補助具いろいろ

こんな子どもに
- 筆記具の操作が苦手
- 姿勢が崩れたり、正しく力を入れたりできない

こんな支援を
- 書く時の手の形や体の動きを補助する道具を使うことで、取り組みやすくする。 個別

「えんぴつホルダー」(学研ステイフル)

- 丸いマスコットを手の中に握り込むと、自然と鉛筆が正しい持ち方になる。

入手先

「ペンシルグリップボール 5個セット」

- ボールを握り込んで使用する。
- 5種類の大きさのボールがあり、少しずつ小さいボールに移行して使う。
  (直径25mm、30mm、40mm、50mm、55mm)

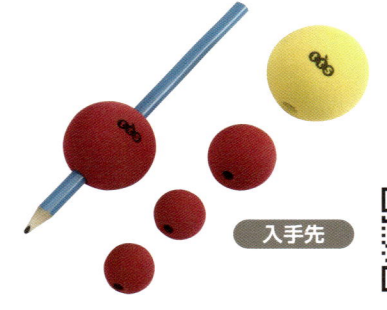

入手先

「Qデスクシート」(ゴムQ)

- シリコンゴム製の机上用滑り止めシートを敷くと、紙を押さえなくても動かない。

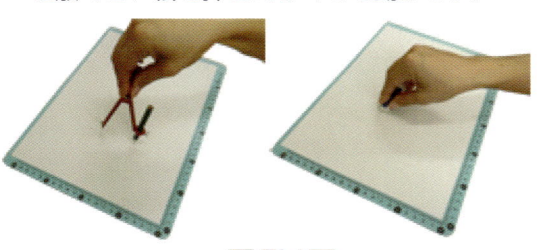

入手先

「ぐっポス」(隈本コマ)

- 利き手の反対の手で握ることで、姿勢を矯正できる。

入手先

支援のポイント
- 補助具により鉛筆の持ち方や操作などのやり方を体感させ、定着を図る。
- 手に入りやすい市販品には、すぐに試せるよさがある。

19 ひらがな・カタカナ

シールで解答

こんな子どもに
- 書くことの困難が大きい
- 書くことへの抵抗感が強い
- 語彙が少ない

こんな支援を
- 解答をシールにしておき、子どもに選択して貼らせる。 個別

・文字や解答の選択肢をシールにしておく。子どもは課題に合わせて選び、貼り付けて解答する。

一文字ずつシールにしておく

子どもは、文字を組み合わせて貼っていく

選択肢をシールにしておく

それだね！

取り組む問題に関するシールだけをプリントと一緒に提示する

使う物 シール用紙（A4判）

支援のポイント
- ひらがなの課題では、最初のうちはプリントやドリルに正解を書いておき、子どもにシールとマッチングさせるようにする。
- シールは、取り組む問題の解答分だけを、解答欄に合わせて切り、剥離紙に貼っておくと、子どもが取り組みやすい。

57

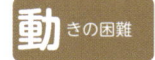   
50音表つきプリント

 ●お手本を見ながらなら書けるが、覚えることが難しい

●確認の方法を持つことで、自分の力で解決したり、やり切ったりできるようにする。
●確認しながら正しい字を書くことで、定着につなげていく。

個別

イラストに合わせて左の表から文字を選び○をつける。

○で囲んだ文字を手本にマスにひらがなを書く。

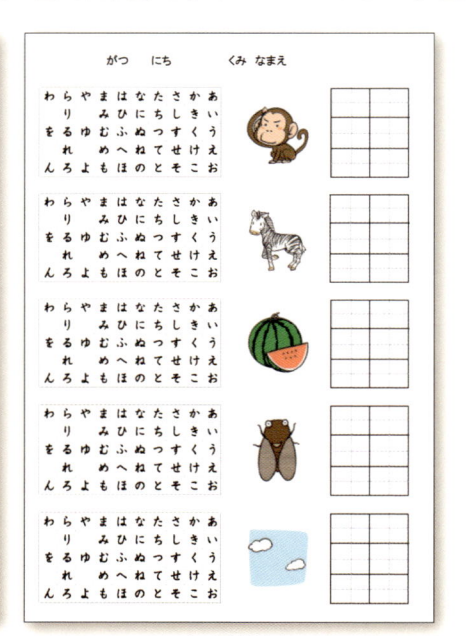

50音表があることで、書き取りに必要な文字が探しやすい

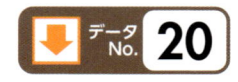

データNo. 20

支援のポイント ●50音表から探すことが難しい子どもについては、どの列を探せば見つかるかを蛍光ペンで示す。

21 ひらがな・カタカナ

耳 からの情報処理の困難　目 からの情報処理の困難

かお・からだで確認シート

 ● 似た文字を間違えたり、文字が抜けたり入れ替わったりする

 ● 体の絵と文字をマッチングさせていくことで、体に関わる文字を意味づけて覚えやすくする。 個別

ひらがな・カタカナ

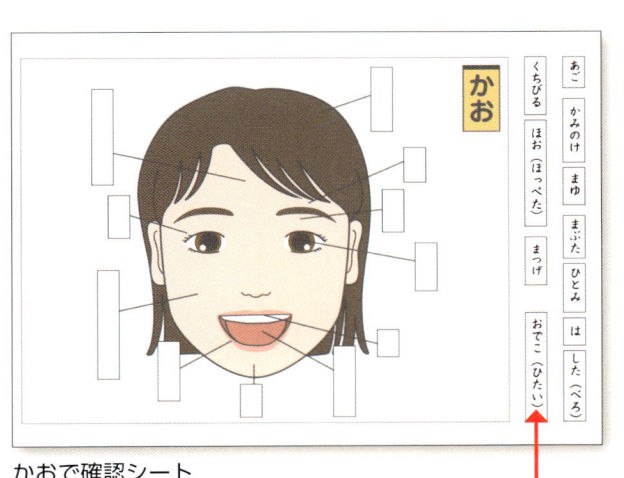

かおで確認シート

かお

あご	かみのけ	まゆ	まぶた	ひとみ	は
くちびる					した（べろ）
ほお（ほっぺた）					
まつげ					
おでこ（ひたい）					

文字チップは、面ファスナーで
とめ外しができるようにする。
シールにするのもよい。

からだで確認シート

からだ

| ふくらはぎ | すねこしうで | あしてひじ | ひざ あしくび | おなか あしゆび | へそ せなか | ももてくび あたま | おしり | つちふまず くび | くるぶし みみ | つめ かかと | むね のど はな | かた くちめ はな | くちめ |

| 使う物 | 面ファスナー、ラミネートシート |

⬇ データ No. **21**

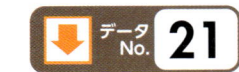

● シートを印刷し
　・文字の部分を隠して書く。
　・文字の部分を見ながら選んで書く。
　・文字の部分をチップにして、絵の上に置いていく。
　など、子どもの実態に沿って難易度を変える。

なぞってお手紙「こどもレター」

 **こんな子どもに**
- 文字を想起して書くことが難しい
- 筆記具をコントロールすることが難しい

こんな支援を
- 大きなお手本を1文字ずつなぞって文章を書き、思いを伝える体験をさせる。　個別

 iOSアプリ「こどもレター」　(Kouichi INAFUKU)

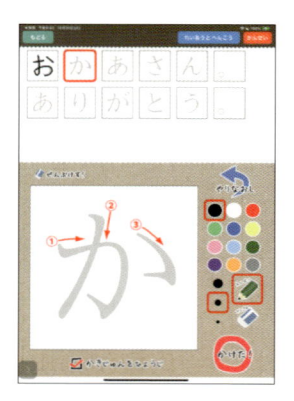

- お手本となる文を入力しておくと、1文字ずつが大きく画面に示される。

- なぞり書きをして「かんせい」のボタンをタップすると、元の文字は消えて、自分の書いた文字だけが残る。
- 空いたスペースにイラストなどをかくこともできる。

入手先

支援のポイント
- お手本の文は、最初のうちは子どもが話したことを大人が入力しておいたり、音声入力を使ったりして負担を軽減する。
- 「伝わった」実感が持てるように、相手を意識して書かせる。

23 　ひらがな・カタカナ

動性の困難　からの情報処理の困難

くちびるマークをさがせ 〈動画〉〈プリント〉

こんな子どもに　●促音（っ）を抜かしたり、位置を間違えたりする

こんな支援を
- ●破裂音の前に促音が入る言葉を取り上げ、「くちびるを閉じるところに"っ"が入る」と体感させて促音の位置を意識づける。
- ●動画で視覚的に理解させ、「つまった音」を聞き流さないよう意識させてから、動画と同じ問題のプリントで表記につなげていく。

一斉指導

●動画

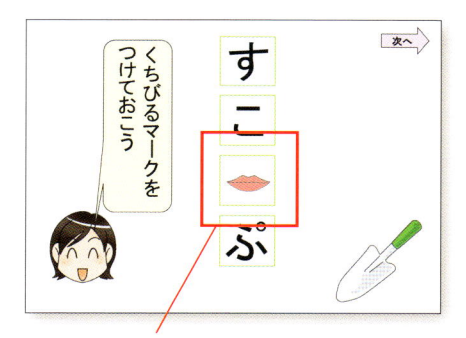

口の動きを意識し、閉じる場所にくちびるマークが入ることを動画で示す。

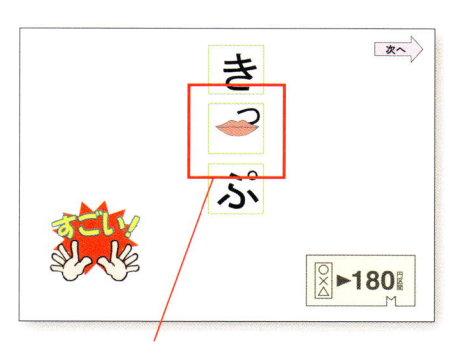

くちびるマークが小さい「っ」に変身することを動画で示す。

●プリント
- ・パワーポイントと同じ形式のプリント。
- ・実際に口を動かしながら、口が閉じる場所を探して小さい「っ」を入れていく。

データ No. **23**

支援のポイント
- ●パワーポイントの動画を提示しながら、出てきた言葉を実際に発音してみて、くちびるが閉じる場所があることを体感させる。
- ●「くちびるマーク」を板書に貼っていき、くちびるが閉じてマークの付いた場所に小さい「っ」が入ることを確認する。
- ●マークプリントを使って、破裂音の前の促音が口を閉じることを手がかりに、促音がどこに入るかを考えさせていく。
- ●困難がより大きい子どもの場合、個別指導の場面でも取り組ませる。
- ●プリントを解いてから動画で答え合わせをしたり、動画を見ながら予想して出した答えをプリントに書き込んだりする。

ひらがな・カタカナ

耳 からの情報処理の困難　目 からの情報処理の困難

促音シールプリント

● 促音が抜けてしまったり、促音の位置を間違えたりする

こんな支援を
● 促音を含む言葉を大小のシールを貼って示すことで、言葉のリズムや促音の位置を体感させる。
● 大小のシールを貼ることで、促音を表記する場所や大きさの決まりを意識づける。

絵に合う言葉を書く ⟶　　⟵ シールを貼る

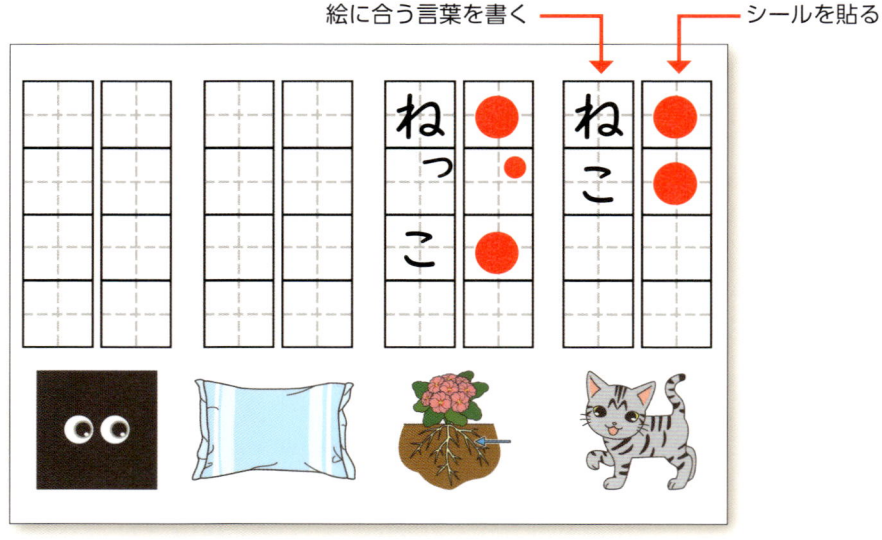

促音が入る言葉と入らない言葉を、文字とシールで示す

使う物 シール（大・小）

データ No. **24**

支援のポイント ● シールを貼ってからその横に言葉を書いていく。

㉕ ひらがな・カタカナ

衝 動性の困難　耳 からの情報処理の困難

拗音体操 ①

ひらがな・カタカナ

こんな子どもに ●拗音（ゃ・ゅ・ょ）を抜かしたり、位置を間違えたりする

こんな支援を ●拗音表記のルールを、動作化することで、自分で思い出して正しく書くときの手だてを増やす。
●動作化を通じて拗音が聞き分けられるようにする。

一斉指導

のばすと
母音の「あ」が
残るときは
「頭」に手

のばすと
母音の「う」が
残るときは
「腕」に手

のばすと
母音の「お」が
残るときは
「お腹」に手

リズムに合わせて動作化しよう

きゃ きゅ きょ　きゃ きゅ きょ　きゃきゅきょ きゃきゅきょ　きゃ きゅ きょ

・「きゃ・きゅ・きょ」と言いながら、頭・腕・お腹を両手でリズミカルに押さえていく。
・「しゃ・しゅ・しょ」「ちゃ・ちゅ・ちょ」……と、どんどん続けていく。
・慣れてきたら㉖の拗音一覧表を示しながら、どの音が体のどの場所になるのかを意識づけていく。

拗音体操クイズをしよう

きゃべつはどこだ！ きゃ きゅ きゃ きゃ

きゃ きゅ きょ　きゃ きゅ きょ　きゃべつは どこだ? きゃ!

・先生・子ども→一緒に言いながら動作化する。
　「きゃ・きゅ・きょ」「きゃ・きゅ・きょ」
・先生→問題を出す。
　「きゃべつはどこだ?」「きゃ!」
・子ども→「きゃ」の声に合わせて動作化する。
・先生も「きゃ」で動作化するので、子どもは確認をして正解を動作化できる。　※慣れてきたら、子どもに出題してもらうのも楽しい。

データ No. **25**

支援のポイント ●スピードを変えたり、濁音を入れたりして、難易度を変える。
●朝の会や帰りの会や、授業のはじまりにちょっとしたエクササイズとして取り入れる。

拗音体操 ②

 こんな子どもに
● 拗音（ゃ・ゅ・ょ）を抜かしたり、位置を間違えたりする

 こんな支援を
● 拗音表記のルールを動作化したり、拗音を聞き分けたりするときに、一覧表で確認できるようにする。
● 聴写（聞き取り）用のプリントもあわせて使用する。

一斉指導

動画

長音のルールをアニメーションで示す。

音と文字と動作のヒントつきの練習問題を解く。

拗音一覧表

拗音プリント（聴写用）

聴写用（聞き取り）

データ No. **26**

支援のポイント

● ㉕「拗音体操①」を行う際に、一覧表を提示しておき、視覚的にも確認できるようにしておく。

● パワーポイントの動画を提示しながら、拗音を伸ばして残る母音と表記の関係を確認し、意識して聞き分けることで、表記のルールを体感させていく。

● 動画と同じ形式のプリントと組み合わせて、くり返し練習に取り組みながら定着につなげていく。聴写も行う。

27 ひらがな・カタカナ

拗音バスケット

 **こんな子どもに** ● 拗音（ゃ・ゅ・ょ）を抜かしたり、位置を間違えたりする

 **こんな支援を**
● 拗音の弁別を体感させる。
● わからない時も、同じカードの友だちを見ながら動くことで、安心して参加できる状態を作りながら、聞き分けることをくり返す。

一斉指導

このカードを読んでください

あかちゃん

じてんしゃ / おちゃ
じんけん / おもち

ちゃんぽん / きゅうしょく

・フルーツバスケットの要領で行う。
　①はじめに先生が、「あかちゃん」など、拗音を含むカードを見せる。
　②オニがカードに書いてある言葉を、声に出して読む。
　③全員でその言葉を復唱してから、「ゃ」のカードをつけている人が動く。
・先生が「ちゃんぽんきゅうしょく（すべての拗音を含む言葉）」と言ったら、全員が動く。

 データNo. **27**

支援のポイント
● 一斉指導で、特殊音節学習後の習熟の学習時やお楽しみ会などでゲームとして取り組む。
● カードをゼッケンに張っておくと、動きやすい。
● P.22〜24の事例1を参照。

文字もじガッチャンコゲーム

 こんな子どもに　●拗音（ゃ・ゅ・ょ）を抜かしたり、位置を間違えたりする

 こんな支援を　●拗音を含む言葉に数多く出合わせる。
●拗音の読み方に慣れさせる。

一斉指導

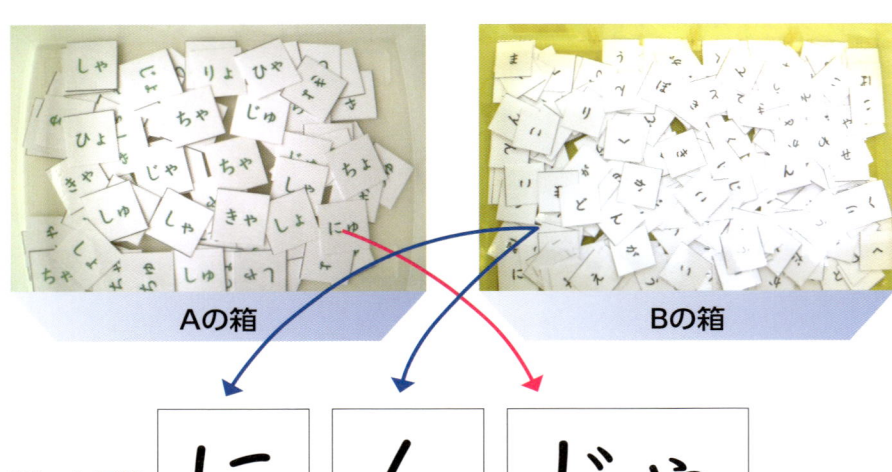

Aの箱　　　　　　　　　　Bの箱

●作った言葉　　に　　ん　　じゃ

①AとBの2つの箱を準備する。

②Aの箱には拗音が書かれたカードを入れる。

③Bの箱には、清音や濁音が一文字ずつ書かれたカードを入れる。

④子どもたちは、Aの箱から拗音が書かれたカードを1枚と、Bの箱のカードを組み合わせて、拗音が入ったいろいろな言葉を作る。

●ヒントカード

拗音が入った言葉が思いつかない子どもには、拗音の入った言葉が描かれたヒントカードを準備しておき、それを見ながら言葉作りをさせる

使う物　ラミネートシート、箱2個

 データNo. **28**

支援のポイント　●子どもによって箱の中に入れるカードの枚数を調整する。
●P.22〜24の事例1を参照。

29　ひらがな・カタカナ

 動性の困難　 からの情報処理の困難

長音ルールカード＆例外カード

　●長音を抜かしたり、表記を間違えたりする

●長音表記のルールをカードで示すことで、確認の手だてにする。
●ルールを明確に示すことで、表記の混乱を減らしていく。

ひらがな・カタカナ

ルールカード

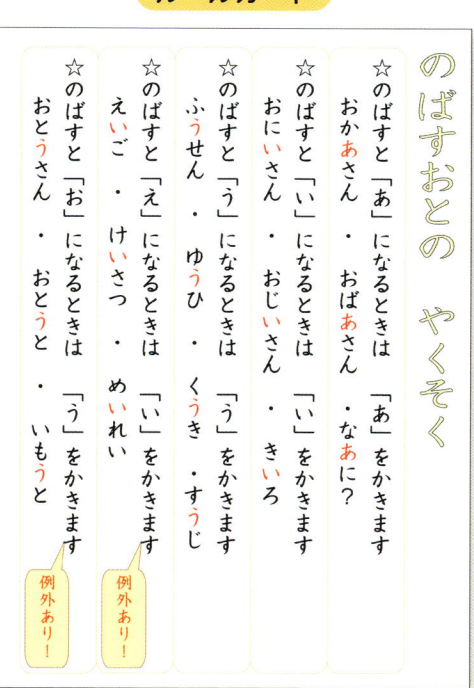

のばすおとの　やくそく

☆のばすと「あ」になるときは　「あ」をかきます
おかあさん　・　おばあさん　・　なあに？

☆のばすと「い」になるときは　「い」をかきます
おにいさん　・　おじいさん　・　きいろ

☆のばすと「う」になるときは　「う」をかきます
ふうせん　・　ゆうひ　・　くうき　・　すうじ

☆のばすと「え」になるときは　「い」をかきます
えいご　・　けいさつ　・　めいれい
【例外あり！】

☆のばすと「お」になるときは　「う」をかきます
おとうさん　・　おとうと　・　いもうと
【例外あり！】

例外カード

とおくの
おおきな
こおりの
うえを
おおくの
おおかみ
とおずつ
とおった

※のばす音を「う」ではなく「お」とかくことば

 データ No. **29**

 支援の
ポイント

●掲示して、確認に使う。
●掲示と同じものをカードに印刷し、必要に応じて手元で確認できるようにする。
●「え」と「お」の長音表記については、例外があり、カードの中には絵で示してあることを指導しておく。
●間違えた時には、自分で確認できるようにする。
　例：「おうさま」を「おおさま」と書いた子どもに対して「王様は、この絵の中にあるかな？」と、「お」と書く例外を示し、ないことを確認して「この絵の中にない時は、『う』と書くんだったね」と声をかける。

ひらがな・カタカナ

耳 からの情報
処理の困難

長音の特別ルール絵本

こんな子どもに
- 長音の特別ルールを理解していない
- 「こおろぎ」を「こうろぎ」などと書く

こんな支援を
- 長音の特別ルールで表される言葉を知り、正しく書くことができるようにする。
一斉指導

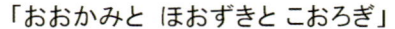

「おおかみと ほおずきと こおろぎ」

すぎもと ようこ 作
ももた ゆうき 絵

こおりつくような ふゆのあるひ、1ぴきの こおろぎが
おおかみたちを たずねて やってきました。

> 絵本の中には、長音の特別ルールの言葉がくり返し出てくる。このことで、長音の特別ルールで表される言葉を、何度もくり返し見たり読んだりして、記憶していく

とおくの おおきな こおりの うえを
おおくの おおかみ とおずつ とおった
びょうきの こおろぎの ほおずき さがして
こおろぎ おいかけ おおかみ とおった

> 絵本の途中には、長音の特別ルールを使って歌う場面も出てくる。(「大きなうた」の替え歌で歌う)

データ No. 30

支援のポイント
- 大型絵本にして読み聞かせをする。
- 絵本の中に出てくる特別ルールの表記を歌にして，日常の学習の中で歌って確認できるようにする。

31 ひらがな・カタカナ

濁音カード

こんな子どもに　●書くときに濁音の点が抜けたり、表記が思い浮かばなかったりする

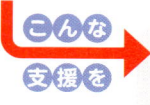こんな支援を　●濁音の入る言葉を書いたり読んだりすることで、表記の定着へつなげていく。個別

表

表 を見て、絵の名前をノートに書く。

裏

裏 を見て、答え合わせをする。

使う物　クリアファイル

データNo. 31

支援のポイント
●聴写（聞き取り）の練習でも、このカードを活用することができる。その場合、表の絵を見て言葉を確認し、書いた後で裏を見て表記を確認する。
●カード用のクリアホルダーに入れておくことで、1人でも進めやすい。

32 ひらがな・カタカナ

音韻認識トレーニング

こんな子どもに
● 音韻認識に苦手さがある
● 言葉を書くと文字が抜けたり、特殊音節の表記が不確かだったりする

こんな支援を
● 言葉を音に分けて捉える練習をして、言葉をひらがなに分解して書いたり、いくつかのひらがなを合成して言葉の塊として読んだりする力をつける。

個別

iOSアプリ 「**音韻認識力をはぐくむ！ ひらがなトレーニング**」
(MEIJITOSHO SHUPPAN CORPORATION)

・身近な言葉がイラストと音付きで提示されるため、取り組みやすい。
・課題（トレーニング）は4種類で、それぞれ75問から150問あるので、飽きにくい。

音声のヒントで楽しくトレーニング！
タッチして言葉を聞こう！

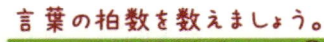
言葉の拍数を数えましょう。

音と動きで答え合わせ！

入手先

支援のポイント
● 最初は文字のヒントがあるやさしいステージから始め、慣れてきたら、音だけを手がかりにして取り組むなど、難易度を調整する。
● 「1日に3つ」などの目標を決め、自分で取り組む問題を選ばせると、学習を継続しやすい。

ひらがな・カタカナ

「読解力を育む発達支援教材」

 ● 特殊音節の表記が定着しない

 ● 子どもが読解のどこでつまずいているのかを把握してから学習をする。

 個別

「読解力を育む発達支援教材」 (Gakken)

・読解に困難を示す子どもを「単語の読み」「文・文章の読み」の2種類のプロセスで実態把握し、読解の基礎となる力を15の学習内容に分類して支援する教材。

・「読解力アセスメントブック」「学習支援総合ガイドブック」「単元別・支援教材カードセット」「教材データライブラリー」がセットになっている。

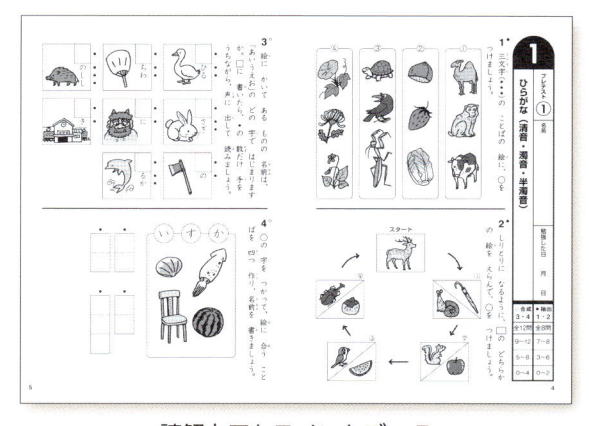

読解力アセスメントブック

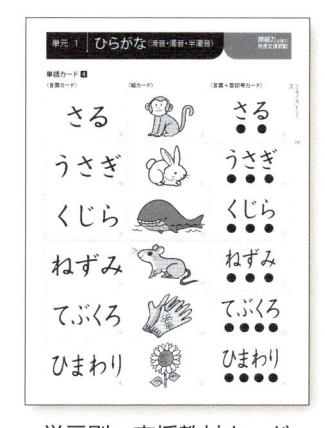

単元別・支援教材カード

 **支援のポイント** ● 個別の支援計画づくりから、支援後の見取りまで活用できる。

聴写

こんな
子どもに

● 聞いたことばの表記を間違える
● 発音できるが、表記できない

こんな
支援を

● 集中して聞き取り、書いていくことで、音の違いや促音の位置を聞き分ける体験を積ませる。
● 日常よく使う拗音や促音など特殊音節の入った語彙をくり返し思い浮かべて書くことで、定着につなげる。

一斉指導

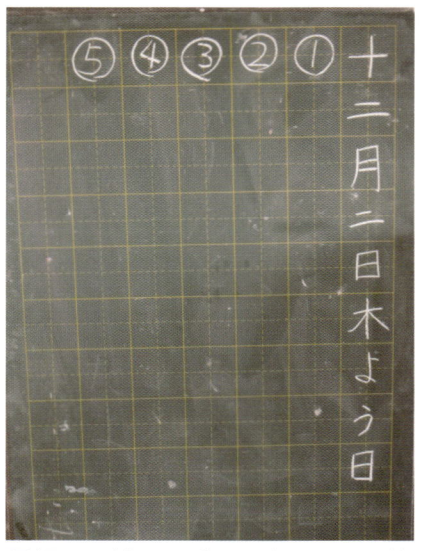

・黒板に日付けと番号を書いてから始める。
・子どもたちも、ノートに同じように書いてから始める。

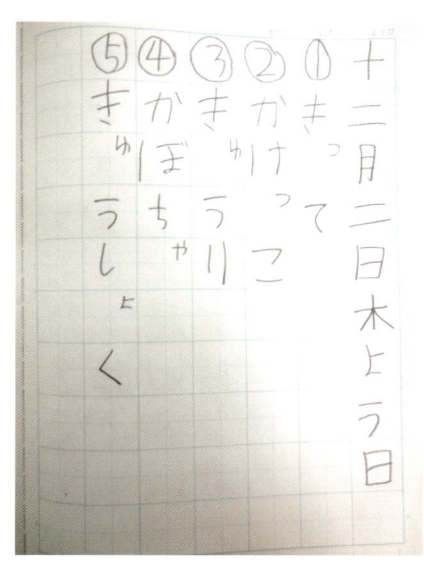

・5つぐらい用意しておき、教師が特殊音節の入った言葉を読み上げる。
・子どもたちは、その言葉を書き取り、ノートに書く。
・書き終わったら音読させて確認する。

支援の
ポイント

● 時間を決めて継続して取り組む。
● その場で採点せず、ノートを回収して放課後に丸づけをし、朝登校した子どもから直すというシステムにすると、実施時間を短縮でき、個別にも対応できる。

35 ひらがな・カタカナ

ことばを文字に分解する

 **こんな子どもに** ● 1音を聞いて1文字書くことはできるが、言葉を書こうとすると文字が抜けたり、入れ替わったりする

 **こんな支援を** → ● ことばを聞いて、対応する文字を順番にタップすることで、言葉を文字に分解していくことを意識づける。

 iOSアプリ 「**にほんご-ひらがな**」 (hk2006)

・音を聞いて、その言葉のひらがなを、選択肢の中から順番にタップしていく課題。
・「う・う・うどん、うどん、う」のようにリズミカルに言葉を繰り返されるので、語頭音を探しやすい。
・タップしたチップは色が変わり、聞きながら「う、うど、うどん」と「次の音」を意識しながら探しやすい。
・時間制限がなく、10問と少ない課題数なので、取り組みやすい。
・難易度が3段階に分かれており、実態に合わせて取り組める。

難易度が選べる

「やさしい」タップすべきチップの色が変わる

「ふつう」上にお手本が出て色が変わる

「むずかしい」ノーヒント

入手先

支援のポイント ● アナログのひらがなチップを並べて言葉を作る課題と併用して取り組むと効果が出やすい。

「ワードバスケット」

 **こんな子どもに** ●書くときに文字が抜けたり入れかわったりする

 **こんな支援を**
●語頭音と語尾音を意識して言葉を想起していくことを通じて、言葉を音に分解したり合成したりする体験を積ませる。
●ゲームを利用することで、意欲を継続させる。

個別　少人数

「ワードバスケット」 （メビウスゲームズ　作：小林俊雄）

場に出ている文字の音で始まり、手持ちのカードの音で終わる3文字以上の言葉を考えて、場にカードをきっていく。

入手先

 **支援のポイント** ●子どもの実態により、数字カード（言葉に含まれる文字数を指定）やワイルドカード（5文字の中から選択できる）を入れるかどうかを考える。

37 ひらがな・カタカナ

「スリーヒントゲーム」

こんな子どもに ● 書くときに文字が抜けたり入れかわったりする

- 聞き逃さないように意識して3つの条件を聞き取ることで、「聞いて覚える」という体験を積ませる。
- 3つのヒントに合うカードを選ぶことをくり返すなかで、「覚えたことを思い出す」「似た情報から正しいものを選び取る」という体験を積ませる。
- ゲームを利用することで、意欲を継続させる。

個別　少人数

「スリーヒントゲーム」（Gakken）

入手先

支援のポイント ● 子どもの状況により
- 並べ方を変える（ばらばらにする・似た情報のカードをかたまりにしておく・カードの方向をそろえる）
- ヒントの出し方を変える（3つとも一度に言ってから探す・1つ言って該当するカードを探してから次のヒントを聞く）
などで負荷を調整する。

ひらがな表・カタカナ表

●お手本を見ながらなら書けるが、覚えることが難しい

こんな 支援を
●確認の方法を持つことで、自分の力で解決したり、やり切ったりできるようにする。
●確認しながら正しい字をくり返し使うことで、定着につなげていく。

ひらがな表

わ	ら	や	ま	は	な	た	さ	か	あ
	り		み	ひ	に	ち	し	き	い
を	る	ゆ	む	ふ	ぬ	つ	す	く	う
	れ		め	へ	ね	て	せ	け	え
ん	ろ	よ	も	ほ	の	と	そ	こ	お

表

ひらがな表

ぱ	ば	だ	ざ	が
ぴ	び	ぢ	じ	ぎ
ぷ	ぶ	づ	ず	ぐ
ぺ	べ	で	ぜ	げ
ぽ	ぼ	ど	ぞ	ご

表

カタカナ表

ワ	ラ	ヤ	マ	ハ	ナ	タ	サ	カ	ア
	リ		ミ	ヒ	ニ	チ	シ	キ	イ
ヲ	ル	ユ	ム	フ	ヌ	ツ	ス	ク	ウ
	レ		メ	ヘ	ネ	テ	セ	ケ	エ
ロ	ヨ	モ	ホ	ノ	ト	ソ	コ	オ	

裏

カタカナ表

パ	バ	ダ	ザ	ガ
ピ	ビ	ヂ	ジ	ギ
プ	ブ	ズ	ズ	グ
ペ	ベ	デ	ゼ	ゲ
ポ	ボ	ド	ゾ	ゴ

裏

常に手元に置き、文字を書くときのガイドとして使う。

使う物 ラミネートシート

支援のポイント
●子どもの実態に応じて、A4、B5、A6など、手元で確認できて扱いやすい大きさに出力する。
●ラミネートしておく。

39 文字学習の導入

 動性の困難  耳からの情報処理の困難  目からの情報処理の困難

文字学習の導入

カタカナマッチング

こんな子どもに　●カタカナの読みの定着が進まない

こんな支援を
●ひらがなの一覧表の上にカタカナをマッチングさせていくことで、カタカナ表記の定着を図る。
●確認できる方法を持ちながらマッチングをくり返すことで、カタカナ表記と音とをつなげていく。

 個別

マッチングして、カタカナを置いていく。

面ファスナーでとまる

裏にはひらがなが書いてあり、確認できる

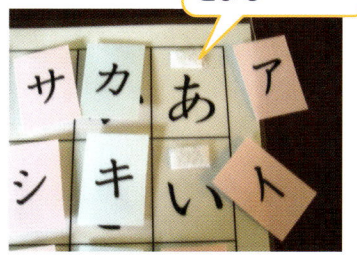

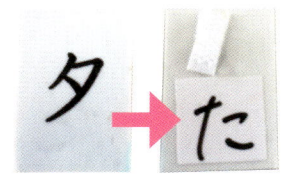

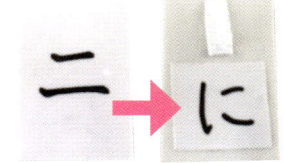

使う物　面ファスナー、ラミネートシート、

 データ No. **39**

支援のポイント
●ひらがな一覧表はラミネートして、面ファスナーを貼る。
●カタカナはラミネートしてから切り離し、面ファスナーを貼る。
●カタカナの裏にはひらがなを書いたシールを貼っておき、わからなくなったら見て確認できるようにしておく。

 動 きの困難  衝 動性の困難  目 からの情報処理の困難

これでばっちり「ソ・ン」「シ・ツ」おぼえ

 **こんな子どもに**
● 「ソ・ン」「シ・ツ」の書き方の区別がつかない
● お手本を見ながら書いても、間違う

 **こんな支援を**
● 線の方向性を、見ただけでなく歌や動作化で確認することで意識づける。
● 意味づけることで、自分で思い出して正しく書くときの確認の手立てを増やす。
● 既習事項のひらがなの中にカタカナを組み合わせたものを提示することで、線の方向性や位置関係を意識づける。　一斉指導

動作で確認！	歌で確認！ 友達賛歌の節で歌う
 鼻の横を指でなぞり「んー」と言い、耳からあごに向かって手でなぞりながら下におろしてリズムよく「そうですね」と言って「ソ」の書き方を動作で表現する。 「これでばっちり ソ・ン・シ・ツおぼえ」※「友達賛歌」の替え歌でうたおう 1. **ソ**のかきかた おぼえましょう「んー、そうですね」で できあがり 2. **ン**のかきかた おぼえましょう「んー、アイーン」で できあがり 3. **シ**のかきかた おぼえましょう「ん、ん、したから あがります」 4. **ツ**のかきかた おぼえましょう「たて、たて、つるりと すべります」 ＊「友達賛歌」のメロディーで1番〜4番がちょうどよく歌えます。	**ソ**のかきかたおぼえましょう「んー、（そ）うですね。」で、できあがり！
 鼻の横を指でなぞり「んー」と言って、次にあごから耳に向かって手で上にあげてリズムよく「アイーン」と言って「ン」の書き方を動作で表現する。	**ン**のかきかたおぼえましょう「んー、アイー（ン）。」で、できあがり！
 ロケットの発射のようすを動作化して、「ん、ん、下からあがります」と言いながら、「シ」の字の書き方を動作で表現する。	**シ**のかきかたおぼえましょう「ん、ん、（し）たからあがります」
 すべり台をすべるようすの動作化で「たて、たて、つるりとすべります」と言って「ツ」の書き方を動作で表現する。	**ツ**のかきかたおぼえましょう「たて、たて、（つ）るりとすべります」

 **支援のポイント** ●動作化して歌った後、プリントやノートに実際に書いていく。

 データNo. **40**

41 ひらがな・カタカナ

補助線で「ソ・ン」「シ・ツ」

こんな子どもに
- 「ソ・ン」「シ・ツ」の書き方の区別がつかない
- お手本を見ながら書いても、間違う

 **こんな支援を**
- 始点の位置の違いを、補助線で意識づけて注目しやすくする。
- 補助線を手がかりに書くことをくり返すことで、正しい線の方向性を意識させていく。

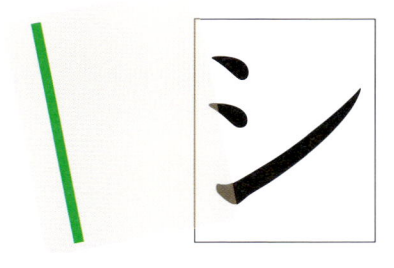

- ラミネートシートに、紙テープをはさんで作った、「縦・横の補助線入り透明シート」を準備する。
- このシートを、それぞれのカタカナが書かれた文字の上に重ね、線の方向性をより注目しやすいようにした。

学習後には、補助線の代わりに、自分の人差し指を横にしてマスの上に置き、「ソ」の字の書き取りをしている子どもがいた。

使う物 紙テープ、ラミネートシート

 データ No. **41**

支援のポイント
- 全体への提示をして意識づけたあと、プリントに取り組む。
- 混乱が続く子どもについては、練習帳やノートに補助線を蛍光ペンで引く。

衝 動性の困難 　耳 からの情報処理の困難 　目 からの情報処理の困難

カタカナ表記はどれだカルタ

こんな子どもに　●カタカナとひらがなを混同する

こんな支援を
●たくさんの絵カードの中から、「カタカナで書くもの」を探し出すゲームを通じて、カタカナ表記をする言葉を意識づけていく。
●ゲームとして取り組むことで、意欲を継続し定着につなげていく。

少人数

ステーキ

カレーライス

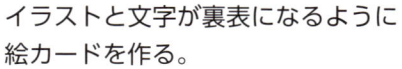
イラストと文字が裏表になるように絵カードを作る。
※データには100枚のカードが収録されている。

やった！

カルタのルール

①イラストを表にして絵カードを並べる。
②はじめの人からカタカナ表記と思う絵を2枚選び、裏返す。
③裏返した2枚の絵カードが、両方カタカナで書かれていたら、その2枚の絵カードをもらえる。

使う物　ラミネートシート

データNo. **42**

支援のポイント　●子どもの人数や実態に合わせて、カードの枚数を調整する。

43 ひらがな・カタカナ

 衝 動性の困難　 耳 からの情報処理の困難　 目 からの情報処理の困難

カタカナまちがいカルタ

こんな子どもに ●似た文字を間違えてしまう

こんな支援を

●形の似ているカタカナに惑わされず正しい言葉のカードを選ぶことを繰り返すことで、カタカナ表記の正しい定着を図る。

●選んだものを正解と見比べることで、違う部分があることを意識づけていく。

●ゲームとして取り組むことで意欲を継続し、定着につなげていく。

少人数

ハーモニカ	ハーモニク	ハーモミカ
シーソー	シーンー	シーシー
ミシン	ミシソ	ミンン
ミシツ	ミシン	ミシン
パン	バン	パソ
パツ	パン	パン

似ている文字で、誤った表記のものも含まれているカード

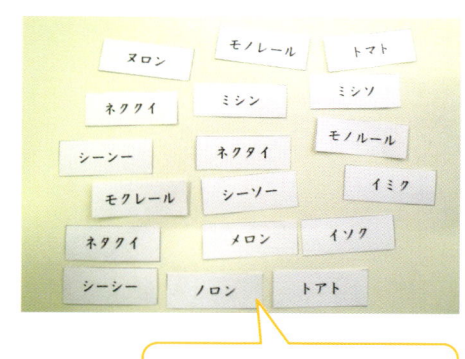

カードを作り、カルタ取りのようにして使う

 **ハーモニカ**　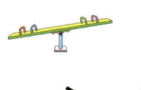 **シーソー**　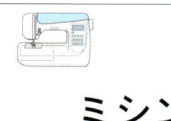 **ミシン**　 **パン**

絵付きのカルタ

使う物 ラミネートシート

 データ No. **43**

支援のポイント
●参加人数と子どもの実態に合わせて、カードの数を調整する。
●聞いて探す→「ウクレレ」と聞いて、正しいカードを探す。正解かどうかは、絵付きのカルタと並べて確認する。
●見て探す→「ウクレレ」という正しい表記を見て、「ウクレレ」とみんなで声に出してから、正しいカードを探す（確認できるよう、正しいカードを見える位置に置く）。

44 ひらがな・カタカナ

DropKit

 **こんな子どもに**
- 発音できるのに、書こうとすると文字が抜けてしまう
- 読むことや書くことが苦手で繰り返しての練習に取り組みにくい

こんな支援を
- 多様な選択課題を自作できるアプリを使い、その子に合った課題を難易度を変えながら作成することで、反復課題に取り組む機会を持つ。 個別

 iOSアプリ **「DropKit」** (Droplet Project)

多様な選択課題作成のテンプレートが用意されていて、簡単に画像・テキスト・音声を使った課題が作成できる。

例1：マッチング

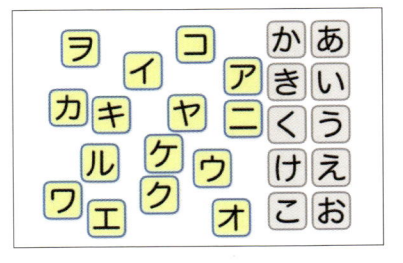

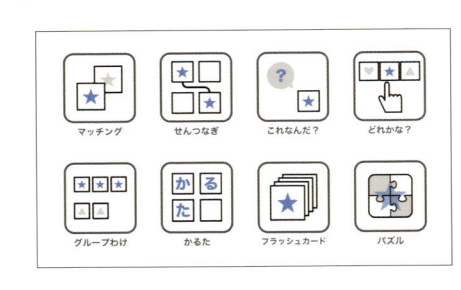

マッチング　せんつなぎ　これなんだ？　どれかな？
グループわけ　かるた　フラッシュカード　パズル

例2：これなんだ?

例3：どれかな?

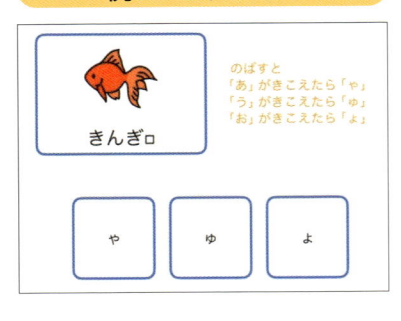

のばすと
「あ」がきこえたら「ゃ」
「う」がきこえたら「ゅ」
「お」がきこえたら「ょ」

入手先

支援のポイント
- 一人一人のペースとニーズに合わせた選択教材を作成することで、取り組みやすさを支え、反復での学習につなげていく。

45 漢 字

イラストつき漢字カード

 ● 漢字の読みの定着が進まない

 → ●イラストとともに漢字の使い方を提示することで、漢字を意味づけて覚えやすくする。

漢字

読みかえの漢字も送りがなとイラストでわかりやすく説明している。

本をよむ　糸でぬう　田うえ　目がくろい

支援のポイント
●絵を手がかりにして、カードの漢字を読ませる。
●カードは次々と（フラッシュカードのように）提示する。

 衝 動性の困難  耳 からの情報処理の困難

漢字カード

 **こんな子どもに**
● 漢字の読みの定着が進まない

こんな支援を
● 読みを確かにすることで、漢字の想起をしやすくする。
● わからない時はすぐに自分で確かめられることで、安心して取り組めるようにする。 個別

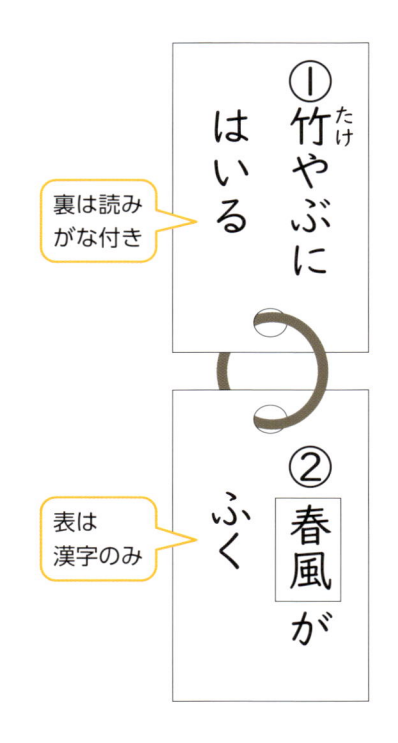

裏は読みがな付き

① 竹(たけ)やぶにはいる

表は漢字のみ

② 春風(ふく)が

読み方がわからない漢字でもカードの裏を見れば確かめられる。

使う物 ラミネートシート、リング

 **支援のポイント**
● 朝学習や給食待ちの時間や課題が早く終わった時間などに取り組む。
● 10枚ずつリングでとめておき、読めるようになったら次の束に進む。
● 自学年の漢字が読めるようになったら上学年の漢字カードにも挑戦できるようにして、意欲を支える。
● 進出漢字の読みに先行して取り組むことで、自信を持って学習に取り組めるようにする。
● 砂時計とセットで置いておき、時間内にどれだけ読めるかに挑戦できるようにする。

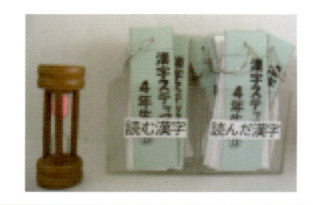

47 漢　字

推し量ることの困難

よみがなテスト

こんな子どもに
●漢字を書くのは苦手だが、読むことは得意なのに評価をしてもらえず、漢字学習すべてに抵抗を感じている

こんな支援を
●書くのは苦手でも、読むことができることに目を向けさせ、漢字学習への意欲を支える。
●テストで成功体験を数多く持たせて自信をつける。

漢字

ヒントつきのテスト用紙

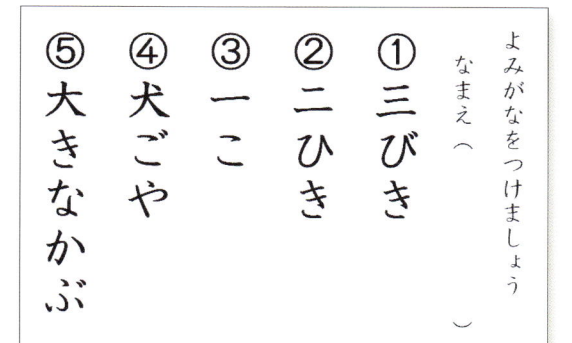

```
よみがなをつけましょう
　なまえ（　　　　）
① 三びき
② 二ひき
③ 一こ
④ 犬ごや
⑤ 大きなかぶ
```

「よみがなテスト」は、絵付きのテスト用紙や「ヒントカード」なども準備し、正しく読める経験を積ませる。

ヒントなしのテスト用紙

```
よみがなをつけましょう
　なまえ（　　　　）
① 三びき
② 二ひき
③ 一こ
④ 犬ごや
⑤ 大きなかぶ
```

ヒントカード

支援のポイント
●ヒントの有無で、難易度を調整する。

48

漢 字

推 し量ること
の困難

目 からの情報
処理の困難

場面で確認シート

こんな子どもに
● 漢字がなかなか覚えられない
● 簡単な漢字もひらがなで書く

こんな支援を
● 場面と漢字をマッチングさせていくことで、漢字を意味づけて覚えやすくする。

個別

使う物 面ファスナー

データ No. **48**

支援のポイント
● シートを印刷し、
　・シートの左側の漢字の部分を隠して書く
　・漢字の部分を見ながら選んで書く
　・漢字の部分を切りとってラミネートをかけてチップにし、絵の上に置いていく。漢字の
　　チップと絵の上に置く場所に面ファスナーを付けておくとよい。
　など、子どもの実態に沿って難易度を変える。

49 漢 字

音付きの漢字の本

● 見て書く練習方法では、漢字がなかなか覚えられない
● 漢字の構成を分解して捉えることが難しい
● その漢字を使う場面のイメージを持ちにくい

● 音と画像で、漢字を分解のしかたや、熟語の意味を示すことで、イメージを持たせ、記憶に残りやすくする。

 個別

漢字

電子書籍「ミチムラ式漢字eブック」 （道村静江 & 道村友晴）

・漢字の読み方が音声で示される（読み上げられる）。
・漢字の分解のしかたが、色と音声で示される（「絵」の場合：糸偏、人やね、二、ム）。
・熟語のイメージ画像が表示されて意味がわかりやすい。
・テンポよく再生するモードもあり、唱えながら書き方に触れられる。
・一字ごとにくわしい解説があり、漢字の成り立ちがイメージ写真付きで紹介されていてわかりやすい。
・学年別に複数の教科書順シリーズが用意されており、購入時に選択できる。

入手先

支援の
ポイント
● 単元に入る前に予習の課題として取り組むと、新出漢字のイメージが持ちやすい。
● 何度も書いて練習することの負荷が大きいケースでは、宿題で取り組むことも有効。

50 漢 字

反復の負荷が少ない単語帳

 こんな子どもに
- 漢字の読みがなかなか覚えられない
- 手書きや入力での解答では負荷が大きい

 こんな支援を
- 自分で正誤を確認して、覚えていない漢字だけを練習できるシステムを使うことで、反復しやすくする。 個別

 iOSアプリ 「わたしの読み上げ単語帳」 (Nobutaka Nagato)

・自分用の単語帳が簡単に作れる。
・練習時に、正解した漢字カードに「覚えた」をチェックすると、次に練習する際は表示されない。
・アドオン（拡張機能）で、3択テストを自動的に作成することもできる。

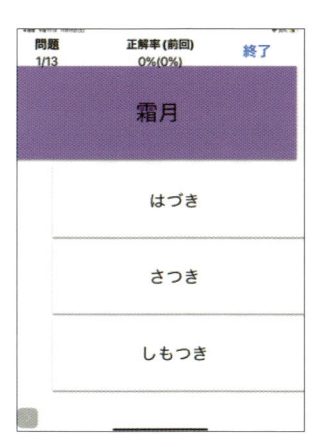

入手先

 支援のポイント
- 可能なケースであれば、自分で単語帳を作成するという活動をすると、自然と「この漢字はこの音だ」と意識できる。
- カードセットの枚数を実態に合わせて調整し、全部正解して終われるようにする。

51 漢　字

推 し量ること の困難

同じ読みの漢字シート

こんな
子どもに
● 文を書く時、同じ音の別の漢字を使ってしまう

こんな
支援を
➡ ● 漢字の意味を捉えて、正しい漢字を書いたり使ったりする経験を増やす。

個別

漢
字

準備するもの

・同じ読み方のある漢字を使う文章を考える。
・考えた文章で、漢字の部分を空白にしたシートを作る。
・漢字は、ラミネートして文字チップにし面ファスナーでとめ外しができるようにする。

ヒントのないシート

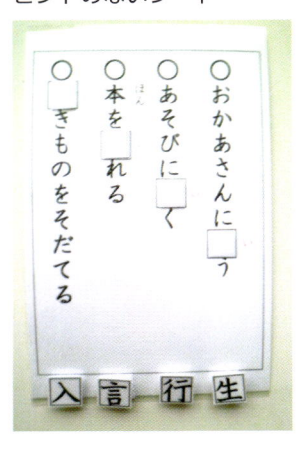

・1年生の段階で、漢字には意味があること（同じ音でも使い方が違うこと）を理解させる。
・はじめは、イラストのヒントを手がかりに、使われる漢字を選択する。
・慣れてきたら、ヒントなしのシートを使うこともできる。
・くり返すことで定着を図る。

使う物 ラミネートシート、面ファスナー

**支援の
ポイント** ● 漢字テストや漢字の練習などで、同じ読み方のある漢字を間違えた子どもに、このシートを使って考えさせる。定着するまで、くり返し活用する。

衝 動性の困難　耳 からの情報処理の困難

漢字じんとり

こんな子どもに ● 漢字の読みの定着が進まない

こんな支援を →
● ゲームを取り入れることで意欲を支えて、楽しくくり返せるようにする。
● わからない時はすぐに自分で確かめられることで、習熟度が違っていても安心して一緒に取り組めるようにする。

一斉指導

じゃんけん

漢字カードを机の上に並べ、出会ったところでじゃんけんをする。

カードが正しく読めたかどうかジャッジをする子ども

ルールと手順

① チームごとに、漢字を読み進められるように漢字カードを20枚くらい机に並べる。
② 対戦する2チームは、机の両端にカードをはさんで並ぶ。
③ 「スタート」の合図で相手チームに向かって、カードの漢字を指して声に出しながら進む。
④ 出会ったら、じゃんけんをする。
⑤ じゃんけんに勝ったチームは読み進め、負けたチームは次の人がスタートする。
⑥ いちばん最後のカードまで読み終えたチームの勝ちになる。

・ ペアを作り、カードが正しく読めたかどうかチェックさせることもできる。
・ 漢字カードの裏には、表と同じ漢字とその読みがなをつけておき、漢字に読みがながついていて、わからない時は裏を見て正しい読み方を確かめられるようにしておく。

支援のポイント ● 「練習すると早くなるね」と意欲づけ、漢字カードの学習への取り組みを支える。

53 漢 字

シールで漢字

こんな子どもに
- なぞり書きでも、正しく書けない
- 線の関係を、正しく捉えられない

こんな支援を
- 線の重なりやつながりを、シールを貼って構成していくことで、じっくりとお手本を確認したり、線の重なりやつながりを意識しながら文字を捉える練習をする。

漢字

準備するもの
- マス目入りの用紙に、書き順の色に合わせて漢字を書いておく。
- 透明のシートをマス目入りの用紙の上に重ねてクリップでとめる。

- 書き順に注意しながら、同じ色のドットシールを貼って漢字を完成させる。
- マス目入りの用紙を外して、自分がシールを貼ったシートにして、筆順や形を確かめながら指で漢字をなぞらせる。
- 「かきじゅんのいろ」はカードにして、手元で確認できるようにする。

書き方順番カード

データを印刷してラミネートしておく

使う物 透明のシート、クリップ、ドットシール、ラミネートシート
＊データ54から使用してください。

データNo. **54**

支援のポイント
- 子どもの実態に合わせて、白抜きの文字と、シールと同じ色に分けて書いた文字を使い分ける。

大きなお手本

こんな子どもに
- 漢字の定着が進まない
- 書くことへの拒否感が強い

こんな支援を
- 負荷を下げることで、苦手な学習に向かいやすくする。
- 一画ごとに色を変えた大きなお手本を使うことで、書き順を意識づける。

個別

お手本

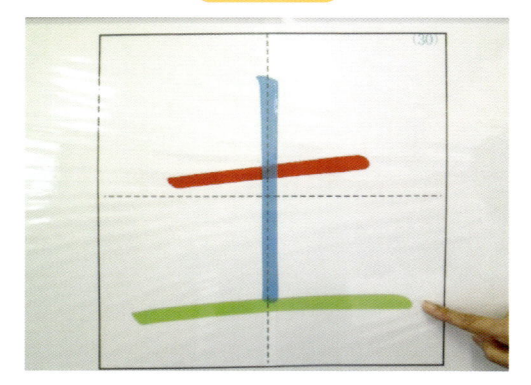

- 「書き方順番カード」に従って、お手本を用意する。
- お手本の大きさは、A2サイズ程度。
- 指でなぞっても、とめ、はね、はらいなどがしっかり見える。
- 指を大きく動かすことで漢字の形を意識づける。

書き方順番カード

データを印刷してラミネートしておく。

- 書き方の順番を色で示すルールをカードにして、手元で確認できるようにする。

使用例

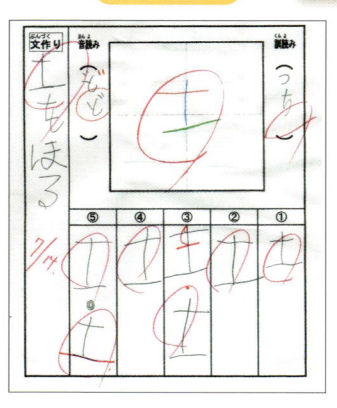

使う物 ラミネートシート

データNo. **54**

支援のポイント
- 一斉指導や個別の漢字学習の場面、宿題で取り組む。
- 書き順の色を決めておくことで、どこから書くのかの見通しを持ちやすくする。

55 漢　字

「手指で感じる 凹凸かんじドリル」

こんな子どもに ● 見ただけでは、漢字の構成要素や形が捉えられない

こんな支援を ● 漢字が紙に凸凹で表されているお手本を指でなぞってから書くことで、形や構成を捉えやすくする。 [個別]

漢字

「手指で感じる 凹凸かんじドリル」（できるびより）

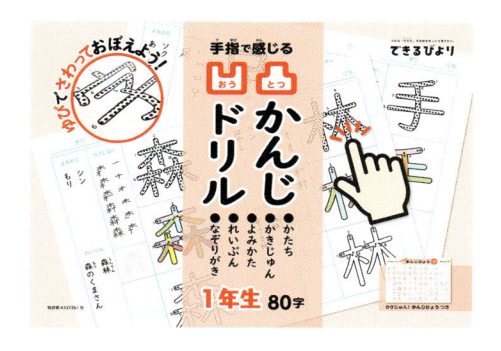

・漢字の形に「触る」ことができる。
・漢字の線が凸凹のドットになっているもの（①）と、漢字の線の周りの部分が盛り上がっているもの（②）の2種類で触れる。
・触って確認した後、書くスペースもある。

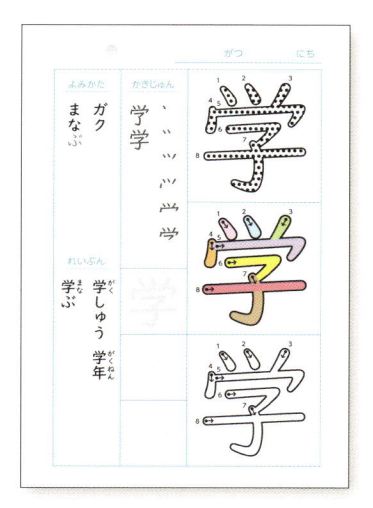

入手先

支援のポイント
● 指で漢字の形を触りながら声に出して読む。
●（②）は、指でなぞった後に筆記具で書き込むと、盛り上がった部分が壁の役割をしてくれるので、書きやすい。
● 練習が終わった用紙を綴っておいて、他のドリルに取り組む際に確認したり、間違えた時に捉え直しをしたりするとよい。

漢字のニンニン体そう

 **こんな子どもに**
- 書き順が覚えられない
- 線の方向や形の違いに意識が向きにくい

こんな支援を
- 漢字の構成要素を動作化することで、字の形や書き順を意識しやすくする。 一斉指導

> これらの構成要素を、一つずつ動作化していく

「漢字のにんにんたいそう」のうた
かんじの　にんにんたいそう　よういっ！
にんにんで　ござる
「よこぼう」
「たてぼう」
「ひだりはらい」
「みぎはらい」
「たてまげ」
「たてはね」
「かぎ」
「ノ」
「てん」
にんにん
これで　おわりて　ござる
にんにん！

にんにん！

忍者のポーズでスタート。
指を組んだこのポーズを保ちながら、動作化していく。

かん字のにんにん体そう

よこぼう

掛け声に合わせて、手を大きく動かし、それぞれの構成要素を空書きしていく。

 データ No. **56**

 支援のポイント
- 一斉指導で新出漢字の学習をする際に利用する。
- みんなでこの体操（基本動作）をしてからそれぞれの漢字を「ニンニン体そう」の構成要素で教えていく。
※P.25〜27の事例2を参照。

94

漢　字

漢字パズル（オリジナルパズル）

 漢字の形の定着が難しい

こんな支援を
- ●ゲーム感覚で、漢字学習への意欲を高め、漢字の形に興味を持たせる。
- ●漢字の形を組み立てることを通して、漢字の形の定着を図る。

準備するもの
①学習させたい漢字を用紙に印刷して、ラミネートする。（ヒントカード用と切り分ける漢字用の2セットを用意）
②一つ一つの漢字のへんやつくりなど、もとの形を意識して切り分け、パズルを作る。

- ●パズルを組み合わせて漢字を作る。
- ●子どもの実態に応じて、ヒントカードを活用する。
- ●同じへんの漢字などで、グループを作って学習することもできる。

使う物　ラミネートシート

支援のポイント　●どんな形に切るか、出来上がりの漢字をどのように提示するかなどの条件を変えて、難易度を調整する。

漢字の構成たし算

**こんな子どもに**　●画数の多い漢字になると混乱する

こんな支援を →
●漢字をいくつかのパーツの組み合わせとして意識づけることで、画数の多い文字を覚えやすくする。
●漢字をパーツに分解したり合成したりする体験を積ませる。

個別

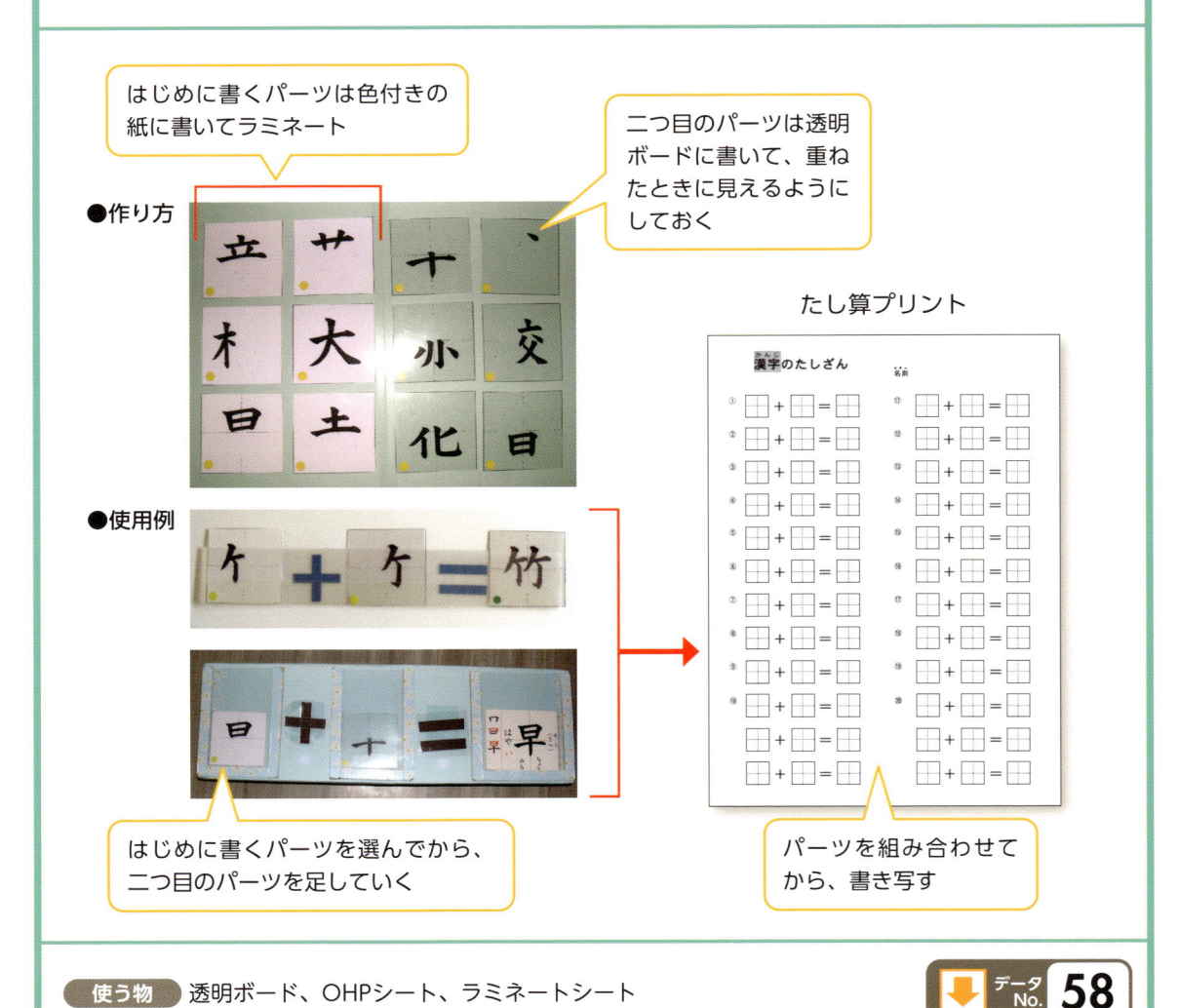

●作り方

はじめに書くパーツは色付きの紙に書いてラミネート

二つ目のパーツは透明ボードに書いて、重ねたときに見えるようにしておく

●使用例

はじめに書くパーツを選んでから、二つ目のパーツを足していく

たし算プリント

パーツを組み合わせてから、書き写す

使う物　透明ボード、OHPシート、ラミネートシート

データNo. **58**

支援のポイント　●どのカードとどのパーツを足すとどの字になるかを考える過程で、カードを実際に重ねて考えることができる。

59 漢　字

漢字部首カード

　●画数の多い漢字になると混乱する

こんな支援を　●漢字の部首を意識づけることで、画数の多い文字を覚えやすくする。
●部首を意識して漢字を書く体験を積ませる。

個別

漢字

ウかんむりでどんな漢字ができるかな？

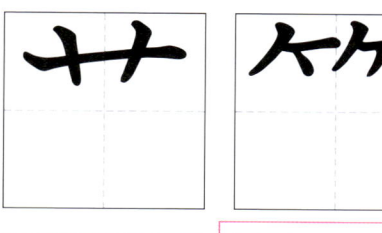
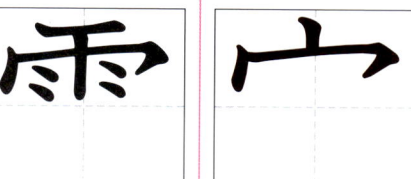

印刷して書き込んだり、ラミネートしてホワイトボードマーカーで書き込んだりして使用する。

家、安、寒……

使う物　ラミネートシート

データ No. **59**

支援のポイント　●部首を見ただけではそれを含んだ漢字を思い出せない場合は、「この部首のついた漢字を探そう」と、もとになる情報を提供し、そこから探し出して書き込ませる。探すもとになる情報の量を調整することで、難易度を変える。
例　・教科書の後ろについている漢字の一覧から○個ずつ探そう。
　　・教科書○ページの中にないか探そう。
　　・プリントにある漢字の中から探そう。

推し量ること の困難 **目**からの情報 処理の困難

部首マッチングファイル＆プリント

こんな子どもに
● 画数の多い漢字になると混乱する

こんな支援を
● 漢字の部首を意識づけることで、画数の多い文字を覚えやすくする。
● 部首を意識して漢字を書く体験を積ませる。

個別

部首マッチングファイル

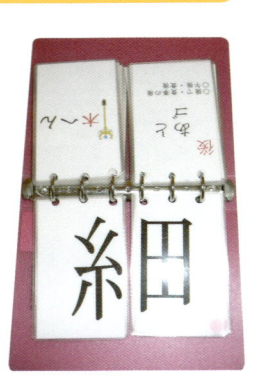

名詞カードに印刷。ぱらぱらめくって、組み合わせて正しい漢字になるものを探していく

プリント

部首マッチングファイルと合わせて使う。

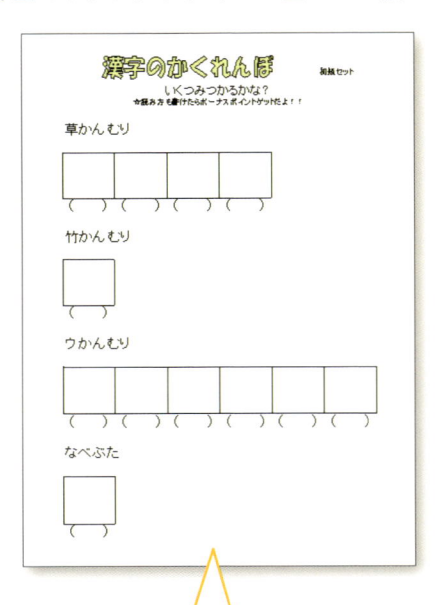

渡すカードでできる漢字の数だけ枠を作っておくことで、正解の数（課題のゴール）を意識して取り組める

使う物　名刺カード、ファイル

 データ No. **60**

支援のポイント　● ファイルにセッティングするカードの枚数で、難易度を調整する。

61 漢 字

「新版 あわせ漢字ビンゴゲーム」

**こんな子どもに**
● 画数の多い漢字になると混乱する

こんな支援を
● 漢字の部首を意識づけることで、画数の多い文字を覚えやすくする。
● ゲームとして取り組むことで、意欲を支えながらへんとつくりについて意識づけていく。

個別　少人数

漢字

「新版 あわせ漢字ビンゴゲーム 1・2」 （太郎次郎社エディタス）

小学校1〜3年生の漢字	小学校4〜6年生の漢字

「へん」「かんむり」が並んだシートに「つくり」や「あし」を合わせて正しい漢字を作っていく。

始点・終点・方向を確認して漢字練習

こんな子どもに
- ● 書きの困難が大きい
- ● 絵を描き写すように漢字を書くため、再生が難しい

こんな支援を ➡ ● 漢字を構成している線の始点・終点・方向が一画書くごとに表示されるアプリを使うことで、構成を正しく練習できるようにする。 [個別]

iOSアプリ **「小学生漢字ドリル全学年セット」** (Gloding Inc.)

・練習する漢字が入った熟語が音声付きで提示され、そのあと書き順が動画で示されてから実際の練習に取り組める。
・一画ごとに始点・終点・方向が提示されるので、正しくなぞって練習ができる。
・3回、同様に練習した後、情報の提示のないなぞり書き、なぞりの線のない白いマスに書く。難易度が上がるが、いつでも書き順の動画で確かめることができる。

入手先

支援のポイント
- ● 漢字のリストを設定することができるので、これから学習する単元の漢字に絞って表示しておくと取り組みやすい。
- ● このアプリで漢字の書き方を捉えた後で、ドリルなどのアナログ教材に取り組むと、効果が出やすい。

63 漢　字

漢字九九

こんな子どもに
- 見て書く練習方法では、漢字がなかなか覚えられない
- 漢字の構成を分解して捉えることが難しい
- その漢字を使う場面のイメージが持ちにくい

こんな支援を
- 読みや構成に音の手がかりがあり、熟語に画像の情報がある本を使うことで、漢字の定着を促す。　　個別

漢字

「特別支援の漢字教材 唱えて覚える 漢字九九シート」
（初級・中級・上級）　(Gakken)

- 漢字をリズムの良い唱え歌にし、それに合わせたイラストも掲載されていることで、構成や意味が定着しやすい。
- 書くスペースが少なく、書く負担が軽い。
- 豊富な熟語や文章、その熟語を使う場面の漫画が掲載されており、使い方や意味と漢字の形がつながりやすい。

入手先

支援のポイント
「つかいかた」「よんでみよう」の課題では、子どもが取り組んだら丸をしていくなどのルールをつくっておくことで、文字を書く課題以外でも学習の軌跡を残せるようにする。

64 漢字プリント ①

こんな子どもに
- ● 漢字の定着が進まない
- ● 書くことへの拒否感が強い

こんな支援を
- ● 漢字を書く負荷を下げることで、漢字学習に向かいやすくする。
- ● 読みが確かになっていくことで、漢字の想起をしやすくする。

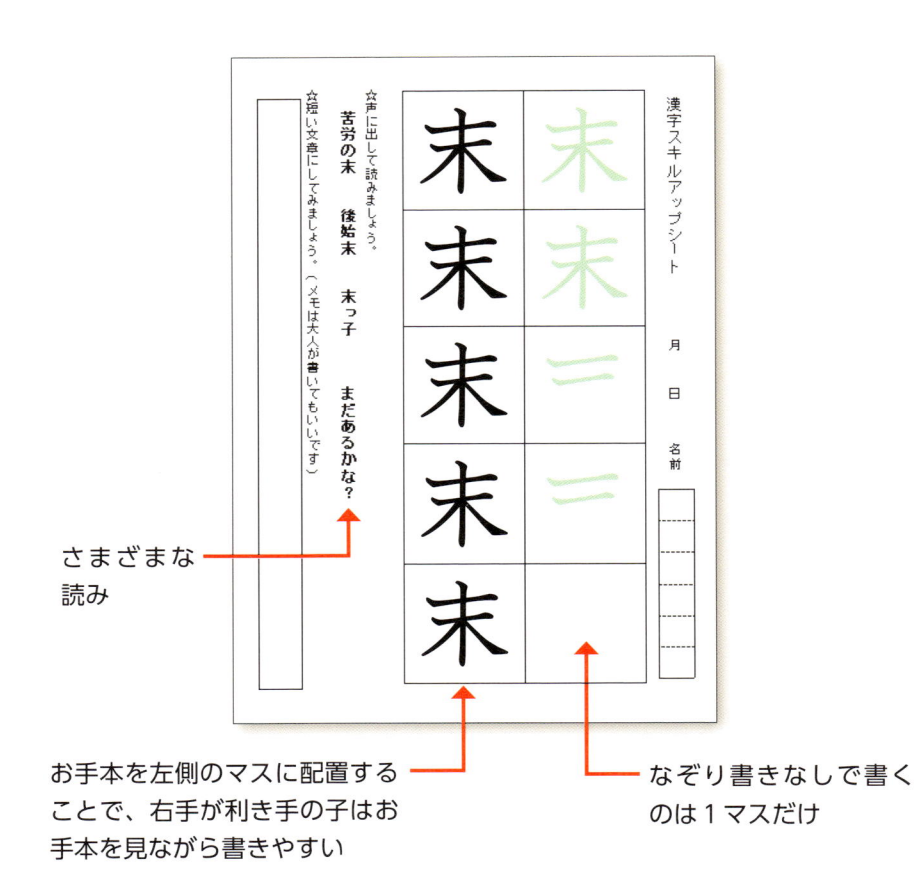

さまざまな読み

お手本を左側のマスに配置することで、右手が利き手の子はお手本を見ながら書きやすい

なぞり書きなしで書くのは1マスだけ

支援のポイント　● 同じ形式のプリントに取り組むことで、自力でやり終えられる見通しが持てるようにする。

65 漢　字

漢字プリント ②

こんな子どもに
- 漢字の定着が進まない
- 書くことへの拒否感が強い

こんな支援を
- 漢字を書く負荷を下げることで、苦手な学習に向かいやすくする。
- 大きなお手本を指でなぞってから書くことで、正しく書くことを意識づける。

漢字

> A5判の紙に印刷し、大人がお手本を大きく書く

月

日

> 練習するマスの数は少なくする

使用例

活用例

その単元で扱う漢字のお手本を1字ずつ厚紙に書いておく。表は読み仮名付き、裏は漢字のみ。

宿題の漢字だけ「今日の漢字カード入れ」に入れる。

フラットファイルの裏表紙に「単元の漢字表」を貼る。終わったら、漢字のマスに色を塗る。

データ No. **65**

支援のポイント
- 取り組みやすさを支えたり、既習事項が確認できるようにするなど、フラットファイルにも工夫をする。

衝 動性の困難 | 耳 からの情報処理の困難 | 目 からの情報処理の困難

選択式の解答方法で無理なく定着へ

こんな子どもに

- 漢字の習得が進みにくい
- お手本を見て書くことができても、読むことが難しい

こんな支援を

- 選択して解答するアプリを使って負荷を軽減し、反復しやすくする。 個別

iOSアプリ「**国語海賊【教育機関向け】〜小学漢字の海〜**」
(Fantamstick)

- 提示された読みから漢字を選択したり、漢字から読みを選択したりして解答する。
- 学年ごとに分かれていて、予習にも復習にも使える。
- ステージが細かく区切られ、同じ漢字が何度も出題されるため、反復学習ができる。最初は間違えても、最後は正解で終えられる。
- ご褒美のカードがあり、獲得までの問題数が少ないので、意欲が続く。

入手先

支援のポイント
- 間違えたくない気持ちが強い子には、最初は、そのステージで出てくる漢字を確認できるようにヒントカードを用意しておくと、安心して取り組め、正解を探して解答できる。

67 漢字

絵を見て漢字の使い方を覚えるドリル

こんな子どもに 漢字だけを読んだり書いたりすることに抵抗がある

こんな支援を
● 絵から入ることで、漢字への抵抗感を軽くする。
● 絵の場面を想像することで、漢字への親しみを持てるようにする。

個別 宿題

漢字

「夜ながめて朝テスト ドリル」 (Gakken)

・絵の中で使い方がわかる。
・子どもが親しみやすいイラスト。

◀▲ 「小学1年生かん字」 より

「小学2年生かん字」もあります

支援のポイント ● 漢字学習を行う際の個人練習帳として導入したり、漢字を書くことが苦手な子どもの宿題帳として活用したりする。

フェルトペンで見やすく

こんな子どもに
- 書くことに困難が大きい
- 自分の書いた文字が読めない
- 筆圧がうまくコントロールできない

こんな支援を
- なぞり書きやドリルで漢字の練習をするときに、フェルトペンを使うことで、自分の書いた線を確認しやすくする。　個別

・自分が書いた線が確認しやすいと、文字の形や構成に意識を向けやすくなる。

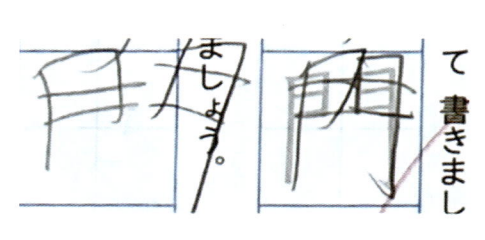

鉛筆で書くと、なぞるための線や枠の線と区別がつきにくい

フェルトペンで書くと、線がはっきり見える

支援のポイント
- フェルトペンは、鉛筆のように削る必要がないので、書字の補助具も付けたままにしておける。
- 消せないので、消しゴムを使うことの負荷を軽減できる。
- 間違えたら横に書くなど、リカバリーの仕方を申し合わせておく。

漢　字

送りがな確認カード

こんな子どもに ●漢字の送りがなで混乱する

こんな支援を ●漢字の送りがなを正しく書けるようにする。　個別

漢字

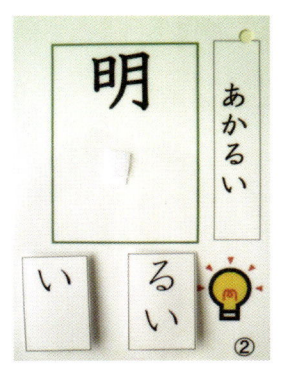

準備するもの

・間違いが多い2文字や3文字の漢字の送りがなを選んでカードを作る。
・面ファスナーで、とめ外しできるように送りがなチップを作る。
・間違えた送りがなチップも用意しておく。

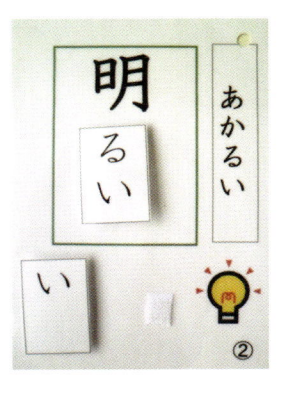

学習の進め方

①送りがなチップの中から、正しいものを選び、漢字の下に置く。
②正しく送りがなが選択できたかどうかを、実態に応じてあらかじめ用意しておいた正しい送りがなつき漢字を見たり、教科書で確かめたりさせる。
③プリントやノートに、正しい送りがなで漢字を書かせる。

使う物 面ファスナー

支援のポイント ●漢字テストや漢字の練習などで、送りがなの間違いがある子どもに、このカードを使って考えさせる。
●定着するまで、くり返し活用する。

推 し量ること の困難

付せんで漢字テスト

 **こんな子どもに**
● 漢字の定着が進まない

こんな支援を
● 初めから書くのではなく、選択肢から選ぶ形式で漢字の学習をスタートし、正しい熟語を見て書く体験を重ねる。読みが想起できる漢字や、お手本があれば正しく書ける漢字を増やしていく。

個別 テスト

①テストのプリントの下部に、解答を書いた付せんを貼っておく。

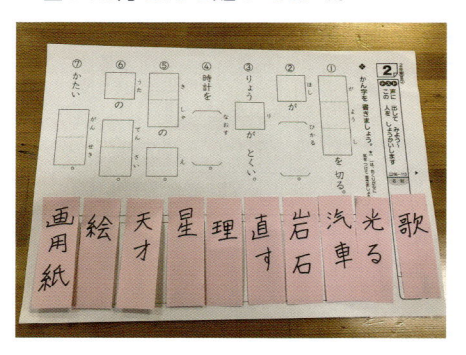

②子どもは、問題文を読んで付せんを選び、解答欄に貼っていく。

③全部貼れたら、解答欄の下に移動させる。

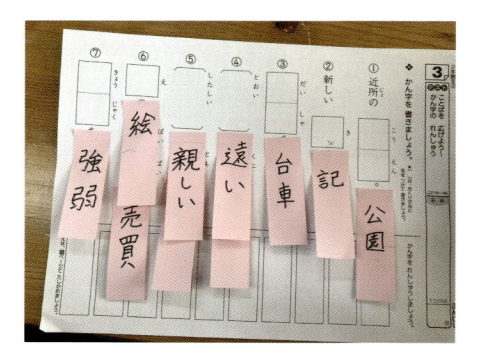

④付せんに書かれた漢字を見ながら、解答欄に書いていく。

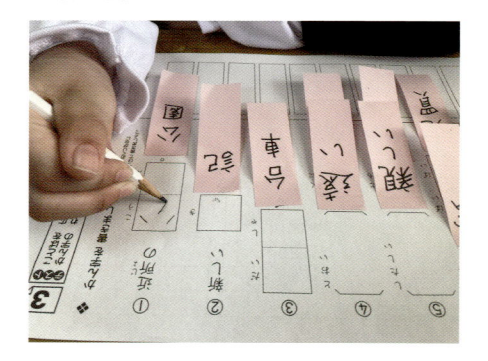

⑤書き終わった付せんは外していく。

支援のポイント
● 習得状況に応じて、選択肢の数を変えるなどの工夫をして難易度を調整する（例：前半と後半で付せんの色を変えるなど）。

71 漢字

選択式のテスト

こんな子どもに
- ●「どうせできない」と漢字テストへの抵抗感が大きい
- ●練習しても、覚えられず、点が取れない

こんな支援を
- ●自分の力でやり終えられる見通しを持つことで、意欲を支える。
- ●答えの選択肢を示すことで、問題に合った文字はどれかを考えたり、思い出そうとしたりする体験をさせ、まずはそれを正しく書き写すことで、定着につなげていく。
- ●実態に応じて負荷を変えていくことで、思い出す手がかりを持ちながらくり返せるようにする。

個別

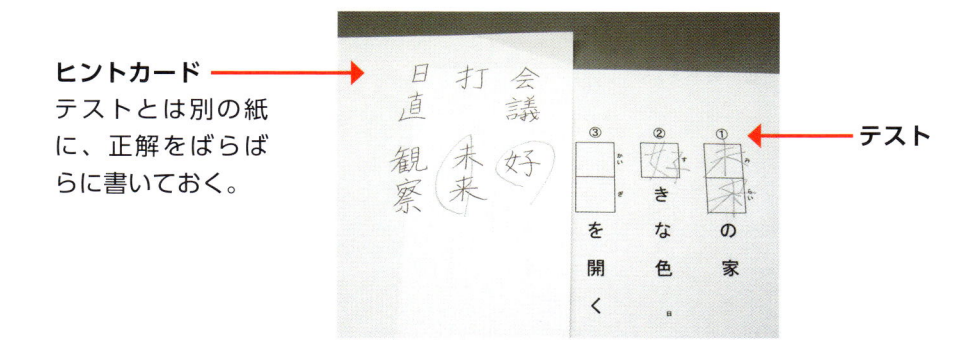

ヒントカード
テストとは別の紙に、正解をばらばらに書いておく。

テスト

問題文

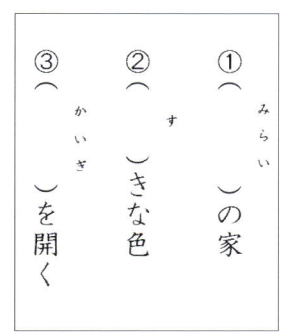

ヒントカードの例

選択肢の数を変える

好	未	会
来		議

問題と同じ数のヒントから選ぶ。

会議	好	未来
末来	会議	妹

関係ない漢字も混ぜたヒントから選ぶ。

選択肢の情報量を変える

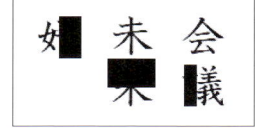

ヒントの一部を塗りつぶしておく。

支援のポイント
- ●選択肢の数や情報量を変えて、負荷を調整する。
- ●まずは負荷を下げて「やり切れる」状態からスタートし、少しずつ負荷を上げていく。

推し量ることの困難　衝動性の困難

いろいろなテスト用紙

●整った字が書けない

こんな
支援を

●数種類の用紙から自分の書きやすいものを選べるようにする
　書きやすい用紙を使うことで、書くことへの負荷を下げる。

点線を入れたテスト用紙（5問題分）

子どもによって
使いやすい用紙
はいろいろ。

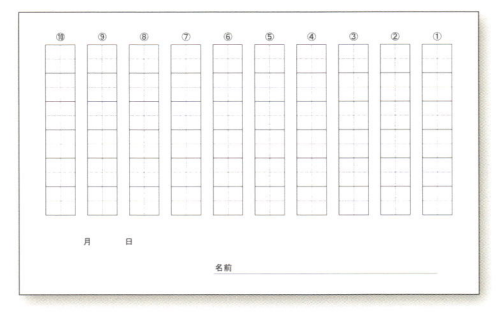

すべてのマスに点線を入れた用紙

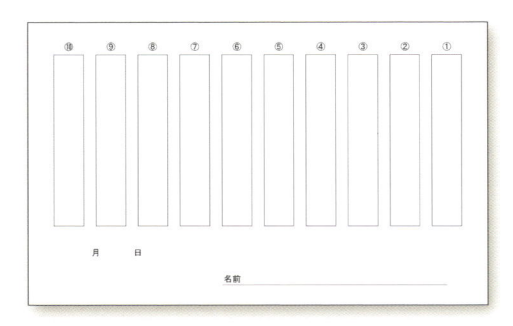

点線も1字ずつのマスもない用紙

データNo.72

●マスや点線の有無、問題数や配置など、子どもに応じた書きやすい用紙を用意する。

73　漢　字

2回目の挑戦ができるテスト

こんな子どもに
- 「どうせできない」と漢字テストへの抵抗感が大きい
- 宿題で練習してきても覚えられず、点が取れない
- 練習してすぐなら、覚えていられる

こんな支援を
- 自分の力でやり終えられる見通しを持つことで、意欲を支える。
- 1回目で正解できなくても大丈夫という安心感を持たせる。
- 「ああそうだった」と思った時にもう一度正しく思い出して書くことで、定着につなげる。

漢字

① 最初に下の列に解答する。
全部合っていたら、100点で終わり。
② わからなかった問題や間違えた問題は答えを見て直す。
③ 用紙を折り、1回目の解答が見えないようにして、再挑戦。
2回目で正解でも100点。
間違えてもきちんと直せたら100点。

最初に上の段に挑戦するバージョン

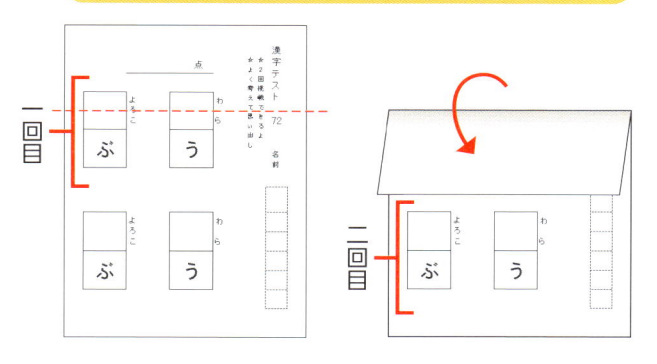

最初に下の段に挑戦するバージョン

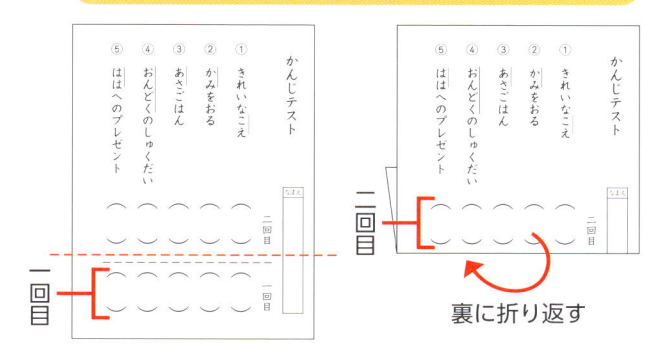

裏に折り返す

支援のポイント
- 問題数は、子どもの実態に応じて変える。
- 学級全体で10問テストに挑戦するときは、5問ずつ2回のテストに分けてもいいし、1回のテストは10問で同じでも、「まず最初の5問→採点→直し→2回目に挑戦→次に残りの5問→採点→直し」としてもいい。思い出す数を変えて負荷を調整する。

アセスメントから課題を選択

こんな子どもに
- 文字の読み書きに困難がある
- 読み書きのどこが苦手なのかがわかりにくい

こんな支援を
- 簡易アセスメントで読み書きの苦手さがどこにあるのかをおおまかにつかみ、それに従って教材を用意する。

個別

「スマイルプラネット」（NPO法人スマイル・プラネット）

- 読み書きの簡易アセスメントが用意されており、その結果を踏まえて選択できる教材が用意されている。
- 困難さに合わせて、負担が少なく学習できるようになっている。

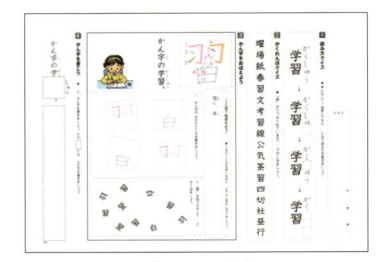

▲標準版のプリント例

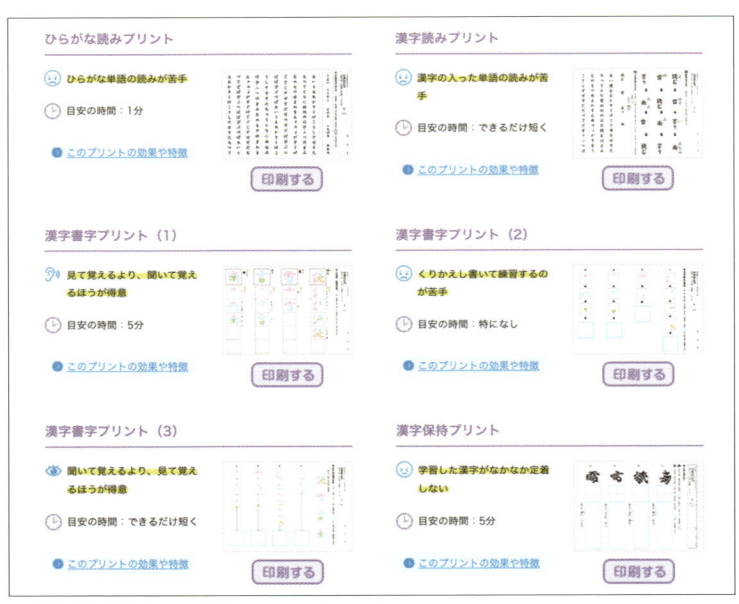

▲教科書準拠版で選択できるプリント

支援のポイント
- 目安の時間が書かれているので、そこも参考にして活用するとより効果的。

75　漢字

漢字の見直し歌

こんな子どもに　●細部の間違いに気づけない

こんな支援を　●歌に合わせて見直すポイントを覚え、どんな点に注意すればいいのかを意識できるようにする。

一斉指導

うたをうたってたしかめよう

「これでオッケイ！
かんじの　みなおしうた」

かんじの　みなおし　はじめよう
せんの　かずに　気をつけて
せんの　はみだし　だいじょうぶ？
とめ　はね　はらいは　やばくない？

てんの　かずや　つけかたを
たしかめたなら
おくりがなも　チェックして

せんのかず　せんのはみだし
とめ　はね　はらい
てんのかず　おくりがな
みなおし　しよう！

「手のひらを太陽に」のメロディーで

データ No. **75**

支援のポイント
●みんなで歌いながら、見直すポイントを確認していく。
●日常の漢字を書く場面でも、歌を思い出して直しをするよう声かけする。
※教材データa「漢字の見直し歌」のほか、教材データは2つ用意してある。b「漢字の見直し歌（まちがい文字付き）」・c「まちがい探し漢字カード（掲示用）」のついては、P.30〜33の事例4を参照。

漢字チェックシート（1～3年）

こんな子どもに ● 漢字への苦手意識が強く、意欲が継続しない

こんな支援を
- ●「絵の完成を目指す」という目標を示し、「覚えられるか覚えられないか」ではなく「積み重ねて攻略していく」ことで達成感を持てるようにする。
- ● 今どれぐらい終わっていて、あとどのくらい残っているかを明確に示し、意欲づける。

- ・習った漢字を見つけ、マスに色を塗って絵の完成を目指す。
- ・小1～小3まで、各学年で習う漢字がそれぞれ1枚の紙の中にかくれている。
- ・教材データには、各学年とも、背景に色をつけたものと、色なしのものの2種類が入っている。

支援のポイント
- ● 子どもの好きなキャラクターや絵を使うことで、楽しく取り組めるようにする。
- ● 色を塗る代わりに、色板や色紙を使い、とめ外しができるようにする。

77 漢　字

感 覚の困難　動 きの困難　衝 動性の困難　目 からの情報処理の困難

マスや色が工夫されたノート

こんな子どもに
● ノートのどこに何を書けばいいのかに混乱する
● 自分の書いた文字が後で読み返せない

こんな支援を ➡ ●エリアが指定されたノートを使うことで混乱を減らし、後から書いたものを確認しやすくする。　個別

漢字

「スクールラインプラス
**合理的配慮のためのノート
かんじれんしゅう 大 中心リーダー入」**
（日本ノート）

・漢字を書く場所が明確。
・読みがなを書くエリアが大きく、確認しやすい。

「**キャンパス カラーノート
方眼タイプ**（小学生向け）」（コクヨ）

・視覚の刺激を軽減することで、文字を捉えやすくする。
・光の刺激を軽減することで、ストレスを緩和する。

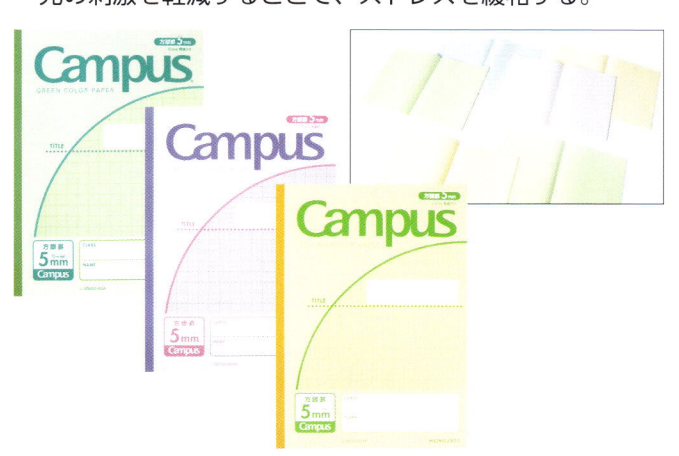

「**ひっ算ノート**」（コクヨ）

・たし算、ひき算、1桁をかけるかけ算に使えるフォーマットが印刷されている。

支援のポイント ●日常的な学習時のストレスを軽減して、取り組みやすくする。

カラーフィルター

こんな子どもに

● 白い紙に黒い文字が印字されていると、まぶしくて読みにくい

● 視覚に過敏さがあって、色や光の影響を受けやすい

こんな支援を

● 刺激を軽減して、負担を減らすことで情報を捉えやすくする。　 個別

・テキストやプリントを読むとき、見やすい色とガイドがある補助具を使う。市販標品は、「リーディングルーラー」「リーディングトラッカー」などで検索するとよい。

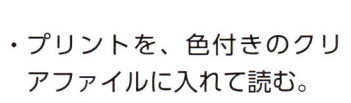

・プリントを、色付きのクリアファイルに入れて読む。

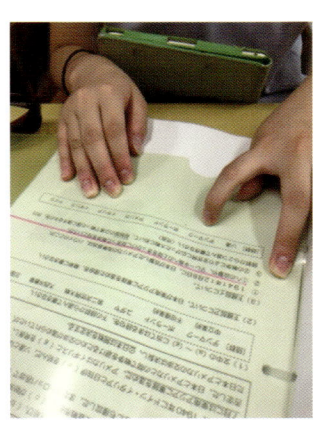

・課題や資料などのプリントを用意するときは、子どもの見やすい色の紙に印刷する。

支援のポイント

● どんな色や濃さ、見える範囲にすると見やすいのかは、個人差が大きいので、いろいろな手立てを試して比べることが重要。

79 文・文章

音読ガイド

こんな子どもに
- どこを読んでいるのかわからなくなる
- 次の行に移る際、行を飛ばしてしまう

こんな支援を
- 注目しなければいけない場所の横にガイドを置くことで、目安をつけて読みやすくする。

注目したい行

ガイド

支援のポイント
- 読んでいる行の横に置いて使う。
- 厚めの紙を使う。
- 次の行が少し見えたほうがいい子どもについては、色つきのクリアファイルを切り取ったり、薄手の色つきアクリル板を切って使う。

80 文・文章

行間を広げる

こんな子どもに
● 文章を目で追っていくことが難しい
● どこを読んでいるかわからなくなる
● 読み飛ばしが多い

こんな支援を
● 提示する文章の行間を広げることで、他の行と混乱することを防ぎ、今、見るべき場所を捉えやすくする。

・課題や資料のテキストデータがある場合は、パソコンの設定で行間を広くする。
・学習者用デジタル教科書には、行間の幅を設定できるものもある。

南極にすむコウテイペンギンは、腹ばいになると体が冷えるため、よく立ったままねむります。また、ひなや卵は、大型の鳥によくねらわれますが、こうすることで、てきにおそわれてもすぐににげたり守ったりできます。頭を下げて、うなだれるようなポーズでねむることが多く、くちばしが冷たいときは、つばさの内側へ入れます。

南極にすむコウテイペンギンは、腹ばいになると体が冷えるため、よく立ったままねむります。また、ひなや卵は、大型の鳥によくねらわれますが、こうすることで、てきにおそわれてもすぐににげたり守ったりできます。頭を下げて、うなだれるようなポーズでねむることが多く、くちばしが冷たいときは、つばさの内側へ入れます。

南極にすむコウテイペンギンは、腹ばいになると体が冷えるため、よく立ったままねむります。また、ひなや卵は、大型の鳥によくねらわれますが、こうすることで、てきにおそわれてもすぐににげたり守ったりできます。頭を下げて、うなだれるようなポーズでねむることが多く、くちばしが冷たいときは、つばさの内側へ入れます。

南極にすむコウテイペンギンは、腹ばいになると体が冷えるため、よく立ったままねむります。また、ひなや卵は、大型の鳥によくねらわれますが、こうすることで、てきにおそわれてもすぐににげたり守ったりできます。頭を下げて、うなだれるようなポーズでねむることが多く、くちばしが冷たいときは、つばさの内側へ入れます。

支援のポイント ●「そのまま拡大する」と、行間だけでなく文字も大きくなってしまうため、かえって読みにくくなることもある。あくまでも行で混乱しないように、行と行との間を多めに取ることを意識したい。

81 文・文章

フォントの検討

●フォントの形状に過度に注目してしまい、文が読みにくい

●字の装飾が少ないフォントを使うことで、読んだり書いたり
するときの負担を軽減する。

> その子どもにとっては、ほかの人が感じている
> 以上に、装飾がノイズになっていることがる

・子どもが読むものに、特徴の少ないフォントを使う。
・子どもが書くときのお手本は、はねや膨らみの箇所に装飾の少ないフォント
を使う。

フォントの例

なぞりがきフォント

あいうえお　かきくけこ　さしすせそ
たちつてと　なにぬねの　はひふへほ
まみむめも　や　ゆ　よ　らりるれろ
わ　を　ん　がぎぐげご　ざじずぜぞ
だぢづでど　ばびぶべぼ　ぱぴぷぺぽ
あいうえお　っやゆよわ　ー　。、
１２３４５６７８９０ 1234567890

入手先　　ぽっしゅん
(POSSYUN Website)

**支援の
ポイント**　●フォントを変えてみることで、その子が読んだり書いたりするときの負担が変わるかどう
か、比較して確認する。

文・文章

推 し量ること
の困難
耳 からの情報
処理の困難

ルビを活用する

こんな
子どもに

● 漢字の読みが難しく、文の内容が理解できない

こんな
支援を

● ルビ（ふりがな）をつけることで読みの負担を減らし、内容
の理解につなげる。

個別

手書きでルビをつける

テキストやプリントなどに、大人が鉛筆で読みがなを書き込む。必要がな
くなった部分は消していくといった調整が容易。

ルビつきの商品を使う

・学習者用デジタル教科書のルビ機能（36ページ参照）
・「総ルビテスト」小学校の国語・算数・理科・社会・英語のワークテストにふ
りがなをつけたテスト

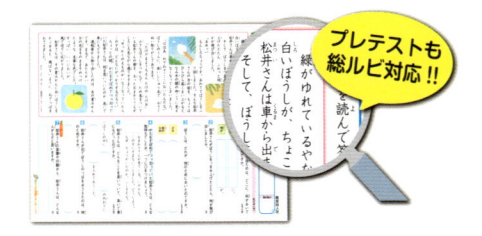

プレテストも
総ルビ対応!!

入手先

（教育同人社）

拡張機能「サテライトオフィス・ふりがな付与機能」を利用する

Chromeブラウザの拡張機能として追加することで、日本語のwebサイト
の漢字にルビを自動でつけることができる。

入手先

（サテライトオフィス）

支援の
ポイント

● ルビがノイズになってしまうことがないように、行間を広げてから書き込んだり、ルビの大
きさや色を調整したりする。

83 文・文章

矢印解答

こんな子どもに
● 書くことの困難が大きい・書くことへの抵抗感が強い
● 読解の課題の答えがわかっても、書く際に写し間違えてしまう

こんな支援を
● 文字を書かなくても、理解できていることを評価できるようにする。

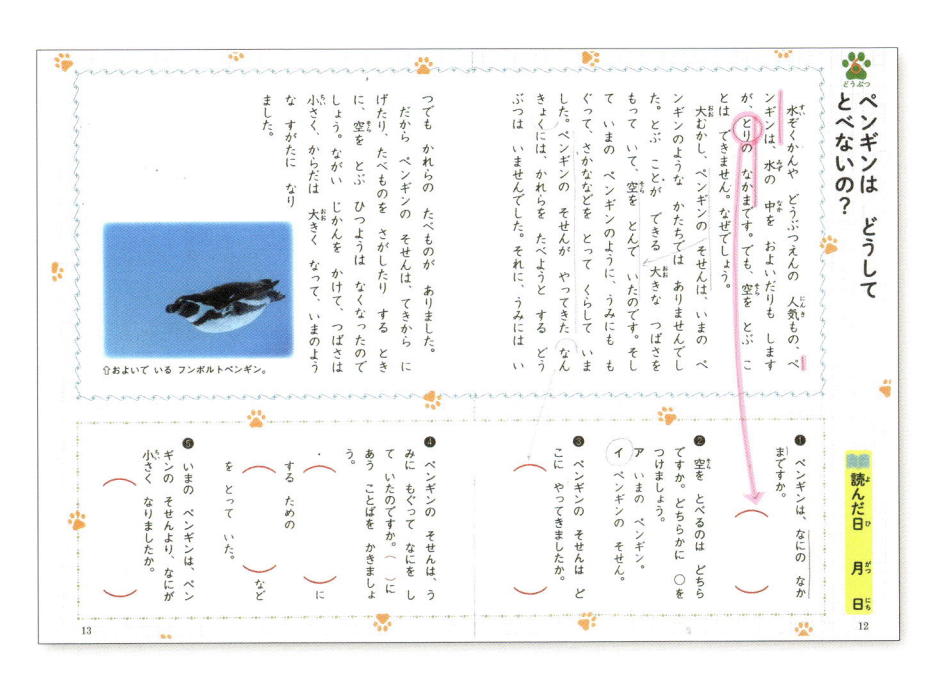

問われていることの解答を問題文から見つけたら、そこを丸で囲んだり線を引いたりし、解答欄まで矢印を引いて答える。

支援のポイント
● 問われていることの解答を問題文から見つけたら、そこを丸で囲んだり線を引いたりし、解答欄まで矢印を引いて答える。
● 書くことの困難さが大きかったり、不注意の傾向が強かったりして、わかっているのに評価が受けられずにいる子には、「書く方法を工夫する」だけでなく、「書かなくても示せる」方法も取り入れることで、自信や意欲を失わせないようにする。
● タブレットの入力ができるようになってきたら、丸や線を引いたところを入力して解答するように促していく。

121

市販教材「かっぱくんとおにちゃん」

こんな 子どもに
● 助詞の定着が進まない
● 間違った助詞を使っていても気付けない

こんな 支援を
● 助詞が変わると伝わる世界が変わることをカード教材を使っ て経験することで、助詞の使い方への意識を高める。

個 別

「かっぱくんとおにちゃんで学ぼう 「助詞の役割」 フルセット」 （エルピス・ワン）

・絵カード、名詞と動詞とそれをつなぐ助詞のカードのセット。
・カードの絵を見て文を組み立てたり、文から絵カードを選んだりする。
・「かっぱちゃんがきゅうりをたべる」「かっぱちゃんをきゅうりが食べ る」など、文に対応する絵カードを見て、助詞が変わると内容も変わる ことがわかる。

入手先

支援の ポイント
● 最初は、名詞や動詞の絵カードと言葉カードのマッチングから始める。助詞が１つの文を 作ったり選んだりしてから、助詞が２つの文に挑戦するなど、難易度の調整をしながら使う とよい。
● 子どもと一緒に新しいお話を作ったり、イラストを描いたりするといった展開もできる。

85 文・文章

市販教材「葛西ことばのテーブル」

**こんな 子どもに**
- 文章の読解が苦手
- 文章の中から、問われている内容を探し出せない
- 助詞の使い方が不確かである

**こんな 支援を** ➡ ● 課題の難易度を段階的に上げて取り組むことで、文章に書かれている内容をイメージする手がかりをつかむ。 個別

100枚プリント「おはなし読解ワーク」（初級編・中級編・上級編）、「がでにを練習ワーク」(葛西ことばのテーブル)

①読解「おはなし読解ワーク」

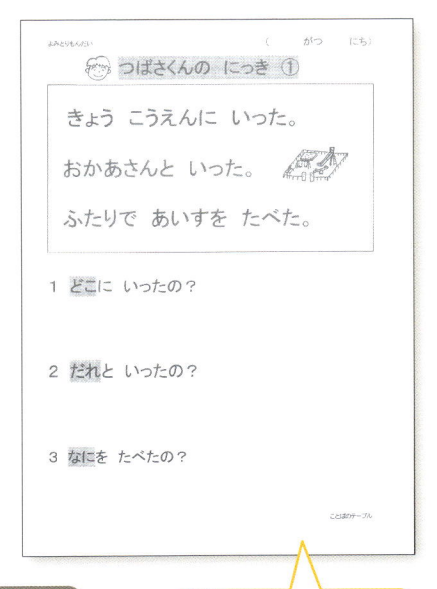

②助詞「がでにを練習ワーク」

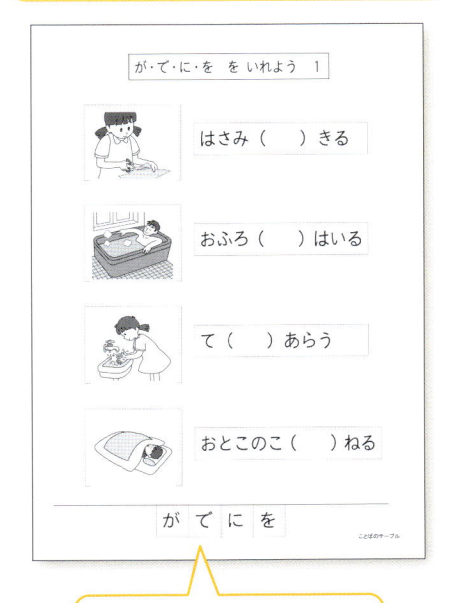

入手先

数種類あり、短い文章に単語で答える課題から始まる

短い文にイラストが付いていて、その文がどんな状況を表しているのかわかる

支援の ポイント
- （読解）のワークは、解答が難しい様子の子の場合は、最初は解答欄に選択肢を書き込んでおき、子どもが「選ぶ」ことから始めると取り組みやすい。
- （助詞）のワークは、取り組んだ後、そこに載っている短い文や文章をノートに試写したり音読したりして、表現に慣れていく。

お話づくり

こんな 子どもに ● 文章が思い浮かばない

こんな 支援を → ● 絵を見ながらお話を作ることで、文章化していく体験を積ませる。 個別

下の絵の中から2つの絵を選んで、お話を作ってください。（絵を変えて、たくさんお話を作ってください）

・イラストを集めてワークシートを作成し、ラミネートする。
・質問とセットにしてリングでとめる

〈例〉 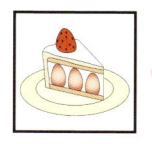 +  → ケーキを買って自転車で帰りました。

データ No. **86**

支援の ポイント
● 選ぶ絵の数で、難易度を調整する。
● 思い浮かばないときは例示し、絵を手がかりに主語や目的語を入れ替えて文章を作らせる。
　例「ぞうがりんごを食べました。」
　　　↓
　「さるがりんごを食べました。」

87 文・文章

「様子言葉」でマッチング

こんな 子どもに
- 語彙が少ない
- 形容詞や副詞が文章の中で使えない

こんな 支援を →
- 絵と様子を表す言葉をマッチングさせていくことで、語彙を広げる。
- 短文のテンプレートをヒントにすることで、文章を考えやすくする。

様子のイラストと
様子言葉をマッチングさせる。

ぼくは
キャンディーを
ペロペロと
なめます。

ぼくは
くちを
ぶくぶくと
すすぎます。

「様子言葉」

「短文のテンプレート」

わたしは
せんべいを
ばりばりと
たべます。

データ No. **87**

支援の ポイント
- 「様子言葉」のカードの数で難易度を調整する。
  - ・絵と同じ数　　　**易**
  - ・絵より少ない数　⇕
  - ・絵より多い数　　**難**

文・文章

絵日記プリント

こんな子どもに
- 文章が思い浮かばない
- 気持ちが書けない

こんな支援を
- ガイドのある用紙と、選択できる感想カードを使うことで、短い文章とその時の気持ちを書きやすくする。
- お手本があることで安心して書ける体験をくり返し、定着につなげる。

個別

感想カード

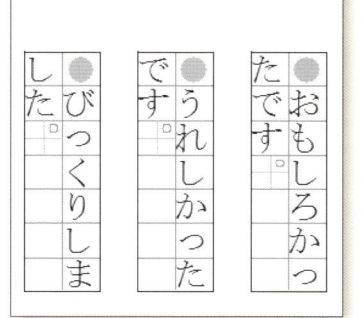

ガイドのある用紙

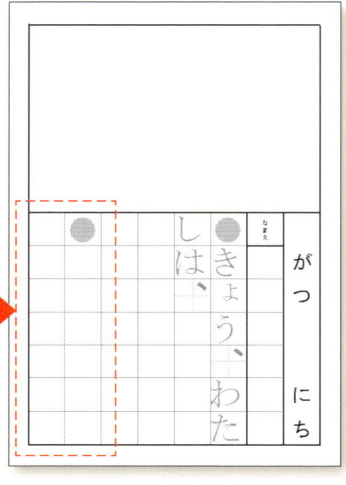

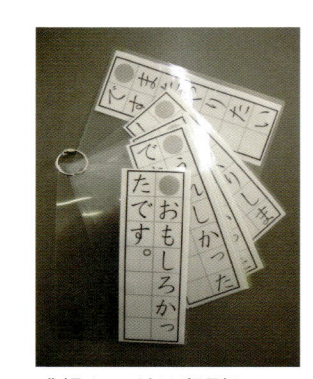

感想カードは印刷してラミネートし、リングで止めて何度も使えるようにする。

日記や感想を書く場面で、感想をカードから選び、それをお手本にして書く。

使う物 リング、ラミネートシート

データ No. **88**

支援のポイント
- 「感想カード」は2択からはじめて、次第に選択肢を増やしていく。
- 子どもによっては、表情イラストを添えてもよい。

(89) 文・文章

「せんせいあのね」 プリント

こんな 子どもに
● 文章が思い浮かばない
● 気持ちが書けない

こんな 支援を
● 気持ちを書くのではなく、選ぶことで取り組みやすくする。
● 選択肢があることで安心して書ける体験をくり返し、定着につなげる。

個別

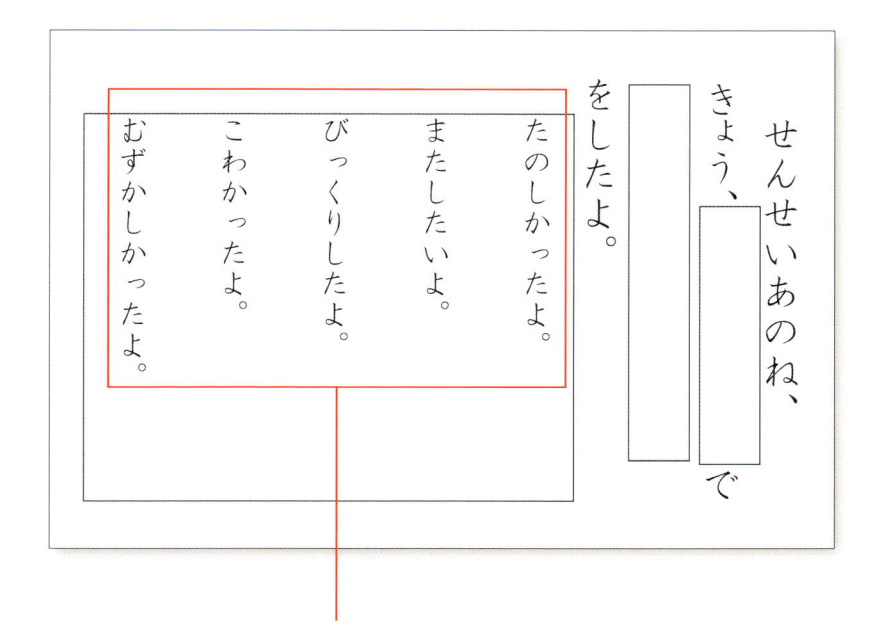

日記や感想を書く場面で使用する。
選択肢の中から自分の気持ちを選ぶ。

データ No. **89**

90 文・文章

読解アプリで読みと内容理解に取り組む

 **こんな子どもに** ●読んでおおまかな内容をつかむことが苦手

 **こんな支援を** ●国語の教科書で学習する作品の文章を読んでから、出てきた言葉について確認したり質問したりすることで、子どもが内容をイメージしながら確認できるようにする。 〔個別〕

iPadアプリ 「「読書力」サポートアプリ」 （NPO法人スマイル・プラネット）

①お話を選んで朗読を聞いてから、自分の音読を録音して聞く。

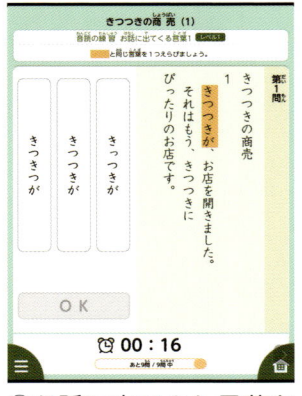

②お話に出てきた言葉を文字で見て、読む練習する。

③お話の内容についての質問に選択肢から答える。
※①は学年を、②と③はレベルを選べる。

支援のポイント ●録音した音声は、そのページを離れて他の作業をすると消えるので、残しておきたい時は、再生させる際に「画面録画」をしておく。

91 文・文章

推し量ることの困難

感想文プリントステップ

こんな子どもに
● 文章が思い浮かばない
● 感想を書くのに抵抗がある

こんな支援を
● ガイドを手がかりにすることで、本の感想文を書きやすくする。

個別　一斉指導

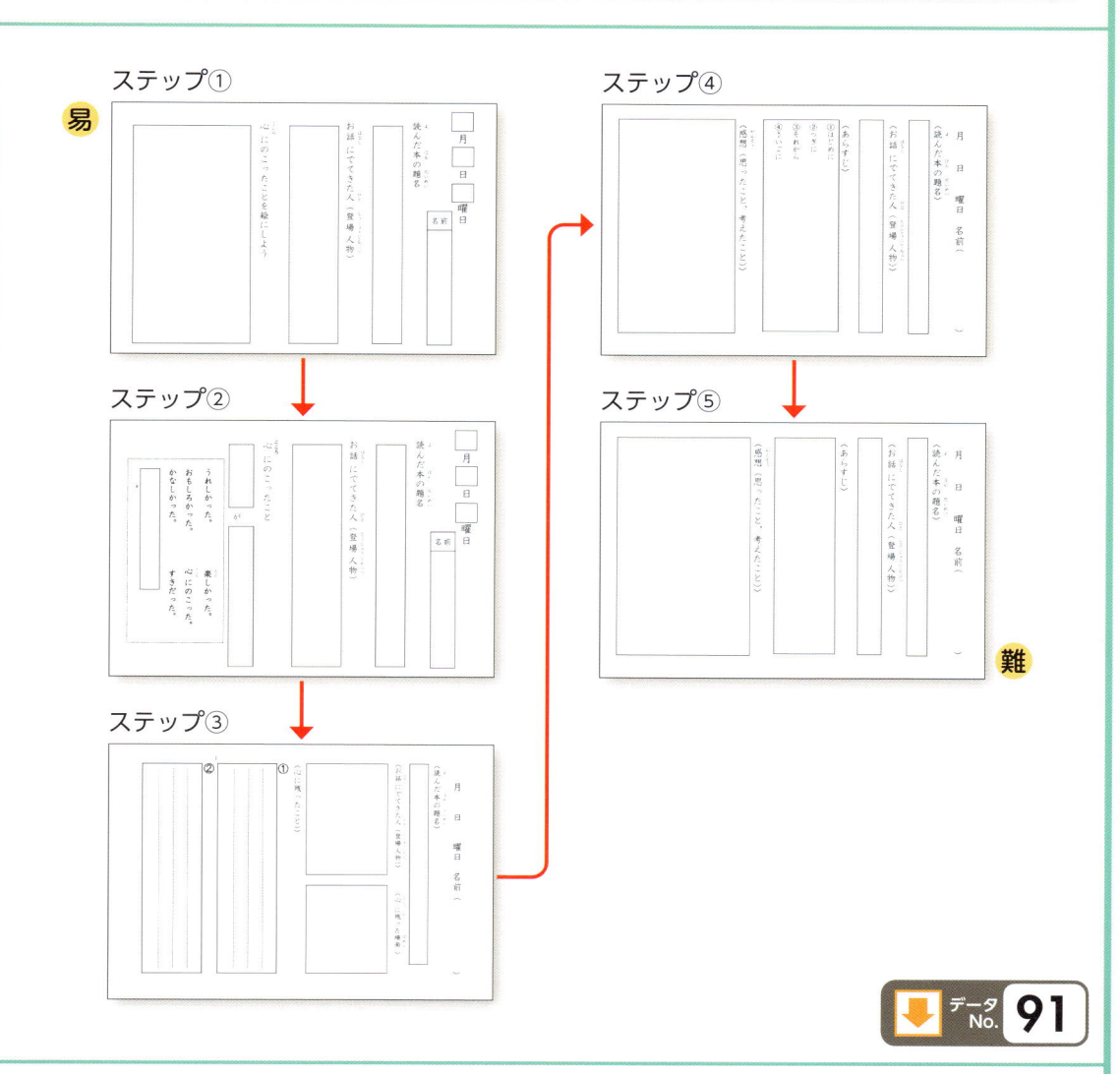

ステップ①（易）→ ステップ② → ステップ③ → ステップ④ → ステップ⑤（難）

データ No.91

動 きの困難　衝 動性の困難　目 からの情報処理の困難

日記で漢字名人カード

こんな子どもに ● お手本を見ながらなら書けるが、覚えることが難しい

こんな支援を ● 日常的によく使う漢字を、確認しながら文章の中でくり返し使うことで、定着につなげていく。
● 確認の方法を持つことで、自分の力で解決したり、やり切ったりできるようにする。

個別

☆ たしかめよう！

日記で漢字名人「どうした①」

○ 思う・思いました
　おも　　おも
○ 考える・考えました
　かんが　　かんが
○ 行く・行きました
　い　　い
○ 来る・来ました
　く　　き
○ 言う・言いました
　い　　い
○ 楽しい・楽しかったです
　たの　　たの
○ 遊ぶ・遊びました
　あそ　　あそ

よく日記で使う字を出し合って作成

※P.22の事例2を参照

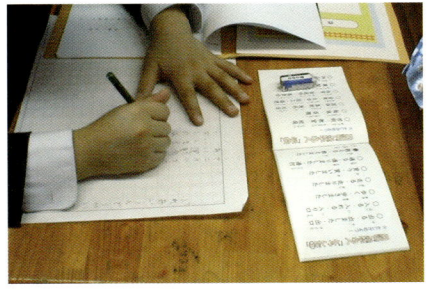
「日記で漢字名人カード」を綴じて冊子にし、ノートにはさんで辞典代わりに使う。

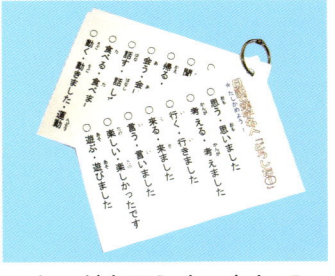
カードをラミネートしてリングでとめる。

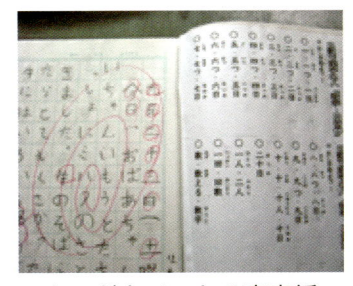
カードをノートの裏表紙に貼る。

データ No. **92**

支援のポイント
● 言葉の数や内容は、実態に合わせて変更する。
● 困難がより大きい子どもの場合
　情報を減らしてより探しやすくするために、使用するカードの枚数を少なくする。

 **文・文章**

選択して文章作成

 推し量ること の困難

こんな子どもに
- 文章が組み立てられない
- 短い文章でも、書くのに過度に時間がかかる

こんな支援を →
- 選択肢から選んで簡単な文章を構成する体験を重ねて、自分で書く際に参考にできるようにする。 　個別

 iPadアプリ 「**3秒日記**」 (KENJI KANEMOTO)

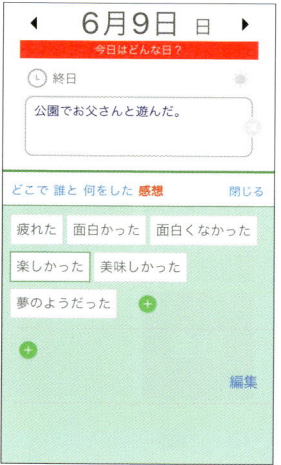

- 「どこで」「誰と」「何をした」「感想」の4つのカテゴリーごとに選択肢が用意されていて、選ぶことで日記が書ける。
- 選択肢の言葉は、追加や変更、削除ができる。

 **支援のポイント**
- 選択肢をその子の日常生活に合わせて編集しておくと、自分が伝えたいように表現できる。
- 組み立てた文章をノートに書き写したり、絵日記アプリにコピー＆ペーストして記録に残したりして、文章を構成する触れる機会を増やす。

作文ルールシート

こんな子どもに ●文章表記のルールが覚えられない

こんな支援を
●作文用紙の使い方にどんな決まりがあるかを、1つずつシートで示す。
●シートを手元に置くことで、自分で確認できる手立てにする。

ルールを1つずつ確認するシート

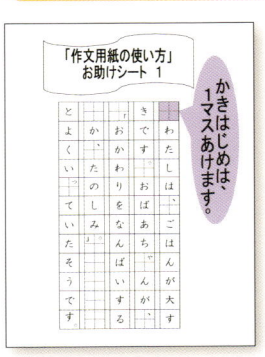

「作文用紙の使い方」お助けシート 1

かきはじめは、1マスあけます。

「作文用紙の使い方」お助けシート 2

、は 1マスつかいます。はこのばよこにかきます。

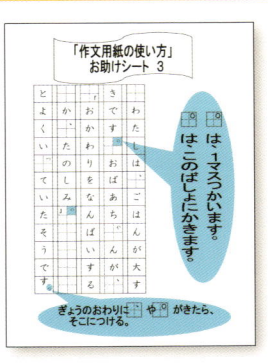

「作文用紙の使い方」お助けシート 3

は 1マスつかいます。はこのばよこにかきます。
ぎょうのおわりは、ゃゅ がきたら、そこにつける。

「作文用紙の使い方」お助けシート 4

小さくかく字 は このばよこに書きます。

「作文用紙の使い方」お助けシート 5

会話の文には「 」をつけます。
「 」は 1マスずつつかいます。
はこのばよこにかきます

「作文用紙の使い方」お助けシート 6

会話の文がぎょうになったときは、にかさをそろえます。
会話の文の下には 文をかきません。

一度に全体のルールがわかるシート

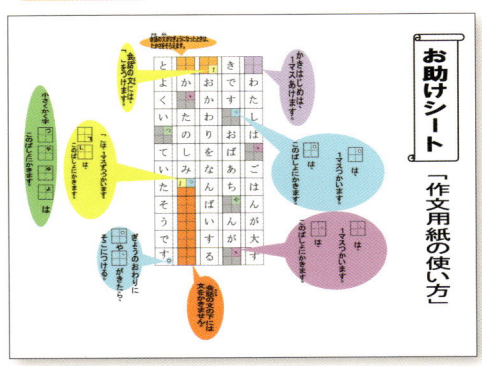

お助けシート 「作文用紙の使い方」

作文用紙を使う場面で、子どもの実態に応じてシートを使い分けよう

データ No. 94

支援のポイント
●作文を書く前にシートの内容を確認しておく。
●間違えた時は、シートを示しながらどう直せばいいかを確認する。

情報整理

スタンプを使ってお話作りを楽しむ

こんな子どもに
- かきたい話や絵があっても、かけない
- お話を組み立てることが苦手

**こんな支援を**

- 簡単な操作でイラストを選び、セリフや短い文を作るアプリを使うことで、表現する楽しさに触れる。

個別

 iPadアプリ 「ピッケのつくるえほん」 (Good Grief Inc.)

> キャラクターやアイテムのスタンプを使って、セリフを考える

> キャラクターはポーズや表情を変えられ、同じアイテムでも種類の違うものが複数用意されている

入手先

- ブロックのようなパーツも用意されており、スタンプにないものも自作できる。
- 余白に文章も入力できる。
- 録音してデジタル絵本として動画にすることも、出力して紙の絵本にすることもできる。

支援のポイント
- 自由度が高い創作活動はイメージを持ちにくい子には難しいため、最初は大人が作ったものの続きを考えたり、フォーマットが決まっているポスターを作ったりすることから始めるとよい。
- 「大きい⇔小さい」のような反対語を、子ども自身が絵で表現するなど、「反対語辞典づくり」の活動もイメージを持って進めやすい。

情報整理

96 情報整理

推し量ることの困難

日記アプリで記録を継続する

こんな子どもに
- 文章を書くのが苦手
- キーボードに触れる機会を増やしたい

こんな支援を
- 日記を書くアプリで、カレンダーに画像とテキストを打ち込むことを毎日取り組む宿題とする。

個別

iPadアプリ **「えにっき」** (AKIHIRO SUZUKI)

情報を記録していくことで入力する機会を増やし、継続を意欲づける

出来上がった文章は音声で読み上げさせることができる

・キーボードやタブレットの操作に楽しく慣れることができる。

11月30日(水) る

ルールきめ
あわてずこうどう
ひなんくんれん

カルタの絵札を活用した例

入手先

支援のポイント
- 絵を描いたり写真を撮ったりすることが好きな子であれば、それらを自分で用意し、簡単な説明や日時を書き添えるようにするとよい。
- 「文が思い浮かばない」「画像を自作するのは負担」という場合は、市販のカルタの絵札を撮影して貼り付け、読み札の文を入力すると、キーボード操作の練習ができる。

97 情報整理

推し量ること の困難

多様な情報を整理していく

こんな子どもに
- 情報をまとめることが苦手
- 友だちとの意見交換が苦手

こんな支援を
- 多様な情報をまとめたり、共有したりできるツールを使うことで、情報を整理して意見交換をしやすくする。 個別

授業支援クラウド 「**ロイロノート・スクール**」 （株式会社LoiLo）

・画像やテキストや音声など、多様な情報をつないだり入れ替えたりしながらまとめていくことができる。
・思考ツールなど、考えをまとめるためのツールが用意されている。
・共有が容易なため、共同学習や意見交換がしやすい。

実践例　都道府県の情報のまとめ

テンプレートを作成しておき、複製して使用

調べた情報や画像をつないでまとめを作る

公式サイト

支援のポイント
- テンプレートを用意しておいてそこにまとめていく、撮った写真にテキストや音声をつけて共有するといった、取り組みやすい活動を学習に意図的に取り入れることで、使い方に慣れておく。

情報整理

単語で思考を整理していく

こんな子どもに

● 考えをまとめることが苦手
● 文章を組み立てていくことが難しい

こんな支援を

● 単語を並べたり、入れ替えたりしながら、考えを組み立てていけるツールを使うことで、思考を可視化して整理する。

個別

iPadアプリ 「SimpleMind ＿＿＿Mind Mapping」
(xpt Software & Consulting B.V.)

・セントラルテーマから思いついたことをどんどん分岐させて広げていくことができる。
・項目を入れ替えたり並べ直したりすることが直感的にできるので、考えを深めたり思考を整理したりするのに役立つ。
・操作しながら考えるだけでなく、自分の考えを視覚的・構造的に把握できるので、情報を出力する際にも役立つ。

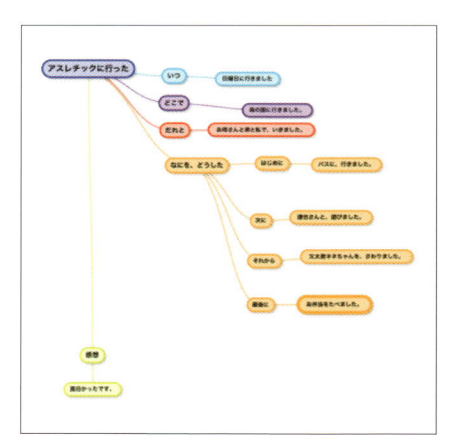

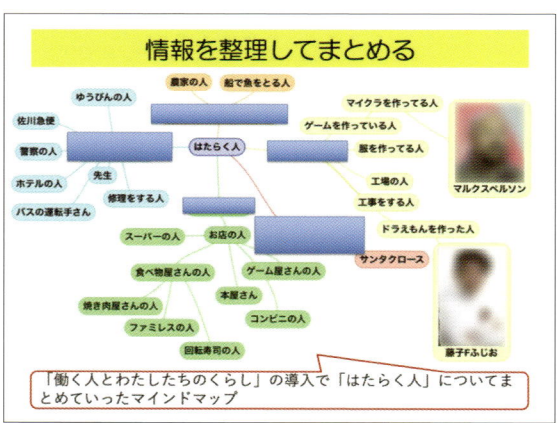

「働く人とわたしたちのくらし」の導入で「はたらく人」についてまとめていったマインドマップ

入手先

支援のポイント

● 慣れるまでは、セントラルテーマの次の質問までを用意したテンプレートを使うと、質問に答える感覚で自分の考えを出していける。
● 情報を整理する練習として、言葉を付せんに書いて分類してから、入力して、分岐それぞれにグループ名をつけてまとめるという活動もできる。

136

 **情報整理**

デジタルの辞典で調べやすく

- 紙の辞典では一度に示される情報が多すぎて混乱する
- 紙の辞典を扱うことが難しい

➡ ● 知りたい言葉を見つけやすく、情報を拡大して確認できるデジタル辞典を使うことで、「調べて解決する」習慣をつけていく。

iPadアプリ
「例解学習国語辞典 第九版 ［＋漢検過去問ドリル］」
(物書堂)

- キーボードで知りたい言葉を入力して、辞典を引くことができる。
- 読み方がわからない漢字がある場合は、手書き入力もできる。
- 教科書体で書かれており、拡大するとお手本としても使える。
- 全ての漢字にルビが振られている。学年設定もできる。

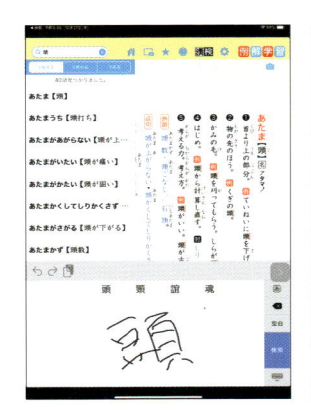
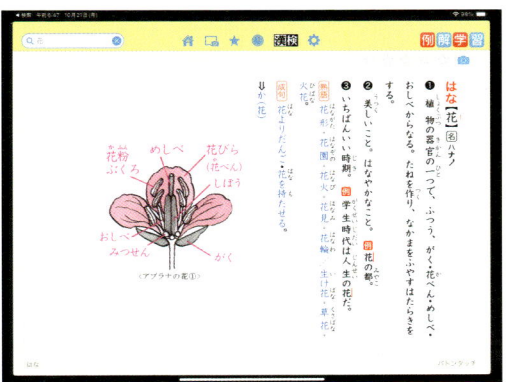

 情報整理

入手先

支援のポイント
- 辞典なので言い切りの形にしないと調べられない。それが難しい子には、予測変換の使えるメモアプリと併用する。
- 読みからも、形（手書き入力）からも調べられるので、これを使って1人で漢字の課題をやり切る場面を設定し、自信につなげる。

デジタルノートテイク

こんな子どもに
- 書くことの困難が大きい
- 手書きでは、後から読み取れない

こんな支援を
- デジタルでノートをとることで、後で参照できるように情報を蓄積していく。　個別

iPadアプリ 「**Microsoft OneNote**」 (Microsoft Corporation)

- 階層を作って情報を管理できる。
- 各教科のノートを作ってタブで単元に分けたうえで、ページのタイトルが自動的にリストになるので、後から情報を探しやすい。

実践例

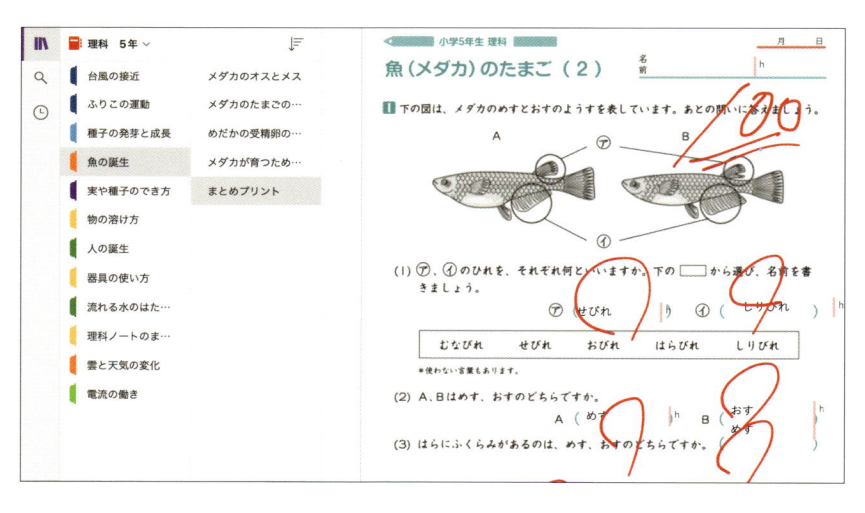

理科のノートにまとめた情報を参照しながら課題に取り組む。

入手先

支援のポイント
- 板書を撮影して貼った場合は、大切な部分に線を引いたり、大事な語句をキーで打ち直したりして、その時間に学習したことを振り返りやすくする。
- 共有機能を使うことで、遠隔でも課題を出したり評価を返したりすることができる。日常でそうした機能を使い慣れておく。

本書の専用サイトで取得できる国語の支援教材一覧

番号	データ名
	文字学習の導入
1	ひらがなチップ
4	アイスのへらでマッチング
5	ひらがなカードマッチング
6	たべものあいうえお（読みマッチング）
11	小麦粉粘土でひらがな
	ひらがな・カタカナ
12	＊6と13のデータを使用
13	ひらがなしっかりシート
20	50音表つきプリント
21	かお・からだで確認シート
23	くちびるマークをさがせ〈動画〉〈プリント〉
24	促音シールプリント
25	拗音体操①
26	拗音体操②
27	拗音バスケット
28	文字もじガッチャンコゲーム
29	長音ルールカード＆例外カード
30	長音の特別ルール絵本
31	濁音カード
38	ひらがな表・カタカナ表
39	カタカナマッチング
40	これでばっちり「ソ・ン」「シ・ツ」おぼえ
41	補助線で「ソ・ン」「シ・ツ」
42	カタカナ表記はどれだカルタ
43	カタカナまちがいカルタ

番号	データ名
	漢字
48	場面で確認シート
53	＊54のデータを使用
54	大きなお手本
56	漢字のニンニン体そう
58	漢字の構成たし算
60	部首マッチングファイル＆プリント
65	漢字プリント②
72	いろいろなテスト用紙
75	漢字の見直し歌
76	漢字チェックシート（1〜3年）
	文・文章
86	お話づくり
87	「様子言葉」でマッチング
88	絵日記プリント
89	「せんせいあのね」プリント
91	感想文プリントステップ
92	日記で漢字名人カード
94	作文ルールシート

コラム －❷ 文字情報に音をつける・音を取り出す

コラム-❶（36ページ）で、多様な教科書について取り上げました。音声があることにより情報にアクセスできる子たちにとって、こうした選択肢は学びのスタートラインとして重要です。しかし、「教科書に音があれば大丈夫」ではありません。教科書に音が必要な子たちは、印刷された情報全てにおいて音声の情報が必要です。

今はたくさんの方法があります。手軽に使えるものも多いので、ぜひ挑戦してみてください。

① プレゼンテーションアプリに音声を貼り付ける

●Windows「Microsoft PowerPoint」
　iPad「Keynote」
・テストやプリントを撮影した画像を「背景」として貼り付ける。
・音声の録音機能を使って問題を読み上げたものを録音する。
・再生ボタンを押すと音声が流れるテストやプリントができる。

●Chromebook「Googleスライド」
・基本的にはPowerPointやKeynoteと同じ。
・Googleスライドには録音機能がないので、音声ファイルが作成できるサイトで問題文を読み上げて音声ファイルを作っておき、挿入→音声で、作成したファイルを貼り付ける。

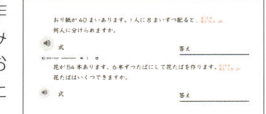

② 読み上げペンを使う

翻訳機能のついたペン型スキャナーを使い、「日本語→日本語」の設定にすることで、読みたい場所のテキストを音声で読み上げさせることができる。

●音声翻訳機 Allingo-X
・ペン先でテキストをなぞることでスキャンし、読み上げてくれる。
・縦書きにも対応している。
・オフラインでも使える。
※機能は商品により違う

③ 音声読み上げ機能を使う

データで提供された問題であれば、各端末の基本機能で読み上げさせることができる（やり方は、以下で検索）。
・Windows→ナレーター
・iPad→選択項目の読み上げ
・Chromebook→スクリーン リーダー

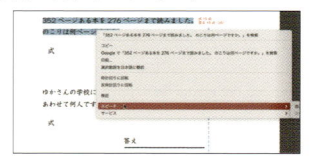

④ 画像からテキストデータを認識し読み上げる

・「カメラ」で撮影した画像内のテキストを認識させて読み上げさせることができる。
・iPadの場合、「選択項目読み上げ」または「画面読み上げ」を有効にしておき、「カメラ」で撮った画像の「テキスト認識表示ボタン」から文字部分を抽出して、画像の上部から2本指で下にスワイプして読み上げさせる。横書きだけではなく縦書きにも対応。

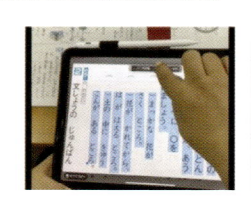

⑤ 音声ペンを使って音声情報を貼り付ける

音声情報が紐づけられたシールを貼って、ペンで読み上げさせる。

▶アクトボイスペン
　（エスコアール）

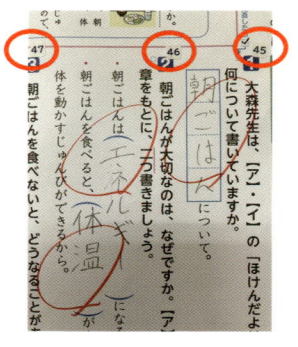

⑥ 音声読み上げ対応のテストを使う

光文書院の国語テストを採用すると、テストの問題を読み上げるデータが提供される。

ポイント
学年や対象児童の状況に合わせて、日常的に継続可能な手立てを選ぶことが重要!

＼どちらもできます！／

先生が音声を流す　　児童ひとりで聞く

※先生は「光文ひろば」からアクセスできます。
児童用URLを共有することで児童も視聴できます。

◀光文書院

コラム－❸ 入力を手立てにしていく

　読むことに困難さのある子にとって音声の情報が助けになるように、書くことに困難さのある子にとって「入力」はその苦手さを支えてくれる手立てになりえます。
　しかし、音があることですぐにその有効性を感じることができる前者に比べ、「入力」が自分を助けてくれる武器になることを子どもが実感するためには、準備が必要となります。大人が、情報を入力できるような形で準備をすることに加えて、子どもが入力という作業を使いこなせるスキルにしておく必要があります。

❶ 入力して解答するための準備をする

　音をつける場合と同様に、テストやプリントを撮影した画像を「背景」として貼り付ける。そうすると、情報は動かない状況になり、その上にテキストボックスを挿入して書き込みやすくなる。

❷ 自分に合った入力方法を見つける

　多様な入力の方法や、それぞれのメリット・デメリットを知って選択する。

●50音キーボード
・50音順がわかっていれば探しやすい。
・画面が狭くなる。

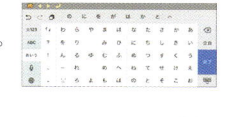

●フリック
・キーが少ないので探しやすい。
・表示されていない文字がどこにあるのかを覚えておく必要がある。
・画面が狭くなる。

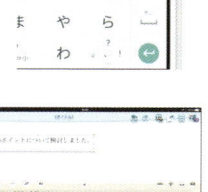

●手書き変換
・ひらがなが書ける子であれば、キーを探す負担なく入力できる。
・スペース内に文字を収めなければいけない。
・画面が狭くなる。
・精度が端末によって異なる。
※基本機能でなく、有料アプリの活用も検討する（mazec マゼック：手書き日本語入力ソフト）

●音声入力
・話したことがすぐ変換されるので負担が少ない。
・場面によっては使いにくい。

●録音
・手軽で正確に記録できる。
・パッと見て確認することは難しい。

●写真に残す
・手軽で正確に記録できる。
・撮影しただけでは学習内容を復習する手立てにはならない。

●物理キーボード
・押した感覚がしっかり返る。
・画面も広く使える。
・キーの位置を覚える必要がある。
・ローマ字入力の場合は、さらに変換の負担がある。

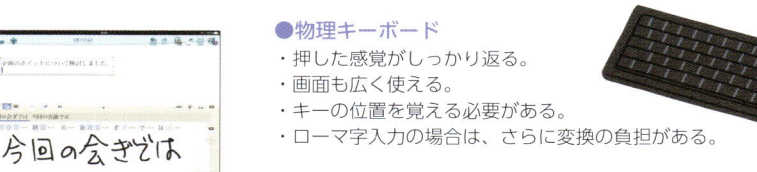

❸ ローマ字入力スキルを練習するときの工夫

母音と子音でシールの色を変える

　練習するキーにだけシールを貼ってわかりやすく。まずは母音から。

L のキーに「小」シールを貼ることで、促音・拗音の入力のハードルを下げる。
※「っ」→ **L T U** のキー

❹ 日常の中に練習の機会を取り入れる

　毎日時間や量を決めて、文を見て入力することに取り組む。例えば、好きなキャラクターのカルタを1枚入力、5分視写入力タイム、連絡帳を入力で行うなど（P.134 96「日記アプリで記録を継続する」参照）。

子どもたちに"笑顔や自信"を届けるために　創刊時の言葉

　「はじめのいっぽ」シリーズ 3 冊目の本、『はじめのいっぽ！ 国語のじかん』ができました！ 本シリーズがさまざまな場面で活用され、子どもたちと先生方をつないでいくことを願っています。

　さて、先生方は、特別支援教育が開始されてから、いえそれ以前からずっと、生活面や学習面で気になる子どもたちへの指導について、悩み考え指導を工夫しながら、日々の実践を重ねて来られたと思います。私たちも同じです。

　子どもたちの中には、これまでに学校生活や授業場面で失敗を重ね、自己評価が低くなったり、授業参加が難しくなったりしている子どもが大勢います。そんな子どもたちに出会うたびに、「この子がやりとげられる支援を！」「あの子がわかる学習を！」と、さまざまな教具を考え、作り、活用し、改良を行ってきました。

　特に『国語のじかん』では、学校生活や学習に関わって、多くの影響を与えると考えられる「ひらがな・カタカナ、漢字の読み書き」に関する教具をたくさん提案しています。このたくさんの教具を、日々子どもたちと向き合っている先生方と共有したいと思いました。

　どれも、子どもたちに笑顔や自信が届けられるよう、楽しく学べること、困難さに応じた手だてとなることなどを考えて作ったものばかりです。先生方が指導をはじめる前に、あるいは、A ちゃんはどうすればこの学習ができるのだろう？ と悩まれた時に、ぜひ手にとっていただき、この本の中から適する教材や教材作成のヒントを見つけていただき、少しでも子どもたちへの支援に役立てていただけたら嬉しいです。

　子どもたちの困難の背景はさまざまですから、教具を活用の際には、目の前の子どもに合ったものに改良したり、活用方法を工夫したりすることをお願いいたします。子どもたちが、自分のやり方をみつけ、「できた」「わかった」という達成感を味わい、「もっとやりたい」という意欲を持つことができたらいいなと思っています。

　私たちは、これからも、子どもたちの困難の背景を把握して子どもの特性にあった支援をしていきたいと思います。

　最後になりましたが、本書の出版にご尽力をいただきましたすべての皆様に、心から感謝いたします。独立行政法人国立特別支援教育総合研究所の小林倫代先生には、本書の監修をお願いするとともに、私たちのつたない実践をまとめていく中で、次々と出てくる疑問や悩みに対して、丁寧な指導をしていただきました。また、「はじめのいっぽ」をシリーズ化し、特別支援教育『はじめのいっぽ！』、『はじめのいっぽ！ 算数のじかん』に引き続き、本書をまとめる機会を与えてくださいました、編集部の杉田英一さん、遠藤理恵さんには、私たちの思いを大切にして、出版にご尽力いただきました。

　多くのみなさまのお力添えのおかげで、こうして一冊の本として形にできたことに幸せを感じています。

2011年7月
井上賞子　杉本陽子

改訂を終えて

『改訂版・はじめのいっぽ！国語のじかん』をご覧いただきありがとうございます。

「『はじめのいっぽ！』シリーズ3作目、『はじめのいっぽ！国語のじかん』ができました！」と報告してから14年の歳月が経ちました。

出版してから今日まで、どれほどの人に「使ってます」「あの教材を試すと、子どもが変わりました〜、出来るようになったんですよ」と言っていただいたか。いろいろな研修会で出会った方々のそのようなお声がけをどれだけうれしく、励みに思ったか。それと同時に、さらに時代に合ったものに更新していく必要も感じていましたので改訂版の刊行は念願でした。

はじめは目の前のたった1人の子どものために作った教材です。それが今では想像もできないほどに多くの子どもたちが使ってくれていること、そしてそれが子どもたちの学びの応援をしていることに喜びを感じています。

今回この本に初めて出合った方にも、以前から使ってくださっている方にもこの思いが届くことを願っています。

学校は、働き方改革と言いながらも、「子どものわかるに届く授業」をしたいと願えば、いまだ授業準備にかかる時間を減らせる状況ではなく、日々の業務に追われる毎日が変わったわけでもないような気がします。

そんな中、「この子にどんな指導をしたら良いのかな？」「あの子が学ぶ喜びを感じるには、どんな工夫ができるかな？」と悩んでいる先生には、きっとこの本は助けになってくれると思います。

子どもの「わかった、できた！」の体験と共に、先生と楽しく学んだ思い出を子どもたちにたくさん残してあげてください—— 先生自身もどうか授業を楽しんでください。

最後になりましたが、改訂版刊行にご尽力いただいたすべての皆様に、心から感謝を申し上げます。

初版の「はじめのいっぽ！」から、私たち二人は原稿作りが楽しくて……ホテルに籠って一日中意見を交わした経験はお互いの人生を豊かにしました。そして、その原稿を直ぐに見て修正を入れてくださった監修の小林倫代先生のコメントが、どれほど愛情深く心にしみたか。特に「好みの問題ですが、私は○○の方が良いと思います」のフレーズは、私たちのお気に入りでした。人を育てるということ、人の心を動かす伝え方も学ばせていただきました。本当にありがとうございました。

また、このシリーズを支持し育ててくださった編集企画の東郷美和さん、編集協力の遠藤理恵さん、デザイナーの宮塚真由美さんに感謝申し上げます。

2025年2月
井上賞子　杉本陽子

著者紹介

井上賞子（いのうえ・しょうこ）
島根県公立学校教諭。小学校の学級担任、通級指導教室担当を経て、平成19年度から特別支援学級を担任。特別支援教育士。

杉本陽子（すぎもと・ようこ）
福岡県公立学校教諭。小学校の学級担任、特別支援学級担当を経て、平成19年度からLD・ADHD通級指導教室担当。特別支援教育士。

監修者紹介

小林倫代（こばやし・みちよ）
教育学博士、臨床発達心理士、学校心理士。独立行政法人国立特別支援教育総合研究所名誉所員。広島大学ダイバーシティ&インクルージョン推進機構特別支援教育実践センター客員研究員。「改訂版 教員と教員になりたい人のための特別支援教育のテキスト～気付き、工夫して、つなげる～」編・著。

教育ジャーナル選書
改訂版
特別支援教育 はじめの いっぽ！
国語のじかん

2011年 9月13日　初版第1刷発行
2025年 2月18日　改訂版第1刷発行

著　者／井上賞子・杉本陽子
監　修／小林倫代
発行人／川畑 勝
編集人／中村絵理子
企画編集／東郷美和
発行所／株式会社Gakken　〒141-8416 東京都品川区西五反田2-11-8
印刷・製本所／TOPPANクロレ株式会社

協力者一覧
イラスト……………森永みぐ・小沢ヨマ・本間とよみ・楢崎義信
装丁・デザイン………宮塚真由美
編集協力……………遠藤理恵・野口千恵美

この本に関する各種お問い合わせ先
●本の内容については、右記サイトのお問い合わせフォームよりお願いします。　https://www.corp-gakken.co.jp/contact/
●在庫については　TEL 03-6431-1250（販売部）
●不良品（落丁、乱丁）については　TEL 0570-000577　学研業務センター　〒354-0045 埼玉県入間郡三芳町上富279-1
●上記以外のお問い合わせは　TEL 0570-056-710（学研グループ総合案内）

学研グループの書籍・雑誌についての新刊情報・詳細情報は、下記をご覧ください。
学研出版サイト　https://hon.gakken.jp/

本書は2011年発刊『特別支援教育はじめのいっぽ！ 国語のじかん　通常学級でみんなといっしょに学べる』の改訂版です。